変化の体 著者: リサ・クーニー博士

自分の体を使って自分を癒し、愛し、力づける

Dr. Lisa Cooney

変化の体 著者: リサ・クーニー博士

「時間的に遠すぎる夢かもしれないが、大きな
目標がなければ意味がない。誰もが平凡な人生
を送らないことを目指す必要がある」。
アン・マッケヴィット

あるいは、父によく言われたように、大きくな
るか、家に帰るかだ！

この本は肉体のためのものだ。息を引き取るまで私たちに寄り添ってくれる無私の存在。私たちが無視しているすべての身体のために、そして忘れているすべての身体のために。言葉がページから飛び出し、あなたとあなたの身体が素晴らしいパートナーシップであることを取り戻し、忘れ去られた贈り物が思い出されますように。

リサ・クーニー博士への称賛

リサ博士は、私の感情の見方や経験の文脈の作り方に革命を起こしてくれました。彼女は私の世界の重要な転換期に現れ、私たちのワークは私の結婚生活、家族、そして母性にプラスの波及効果をもたらしました。私は常に自己改善の探求者ですが、彼女のワークは科学的なものとスピリチュアルなものを見事に融合させています。私はこれまでも、そしてこれからも、人生のあらゆるステージにいる数え切れないほどの家族や友人に、彼女を推薦し続けるだろう。

— キャロライン・ジョーンズ（シンガー、ソングライター、マルチジャンル・ミュージシャン

リサ先生には素晴らしい才能があります。彼女は、感情的にもエネルギー的にも、あなたが今いる場所であなたと出会

います。初めてお会いした後、私の世界の一部が解けました。

それは、より良い自分へと向かうための再編成のプロセスの一部だった。彼女は、深く根を下ろした物事に対処するためのツールを見つける手助けをしてくれる。私にはあらゆるツールが必要なの。彼女はこうしたことのエキスパートだ。説明できることも、できないことも、彼女が味方になってくれることに感謝している。

— ザック・ブラウン（ザック・ブラウン・バンド創設者兼CEO

リサ・クーニー博士とのカタルシス・セッションの後、私は自分の身体の感じ方が驚くほど変化していることに気づいた。この本が、断絶を感じている多くの人々が、自分自身に戻る道をたどる助けになることを願っています。

— グウィネス・パルトロウ、goop 創業者兼CEO

序文

リサ・クーニー医師について初めて読んだのは、GOOPのニュースレターだったと記憶している。グウィネス・パルトロウが最近、友人の勧めでコニー先生のZOOMセッションを受けたのだ。私は半信半疑で、インターネットでこんなことができるのだろうかと思った。別に何か深い信念があったわけではないが、実際にその場に居合わせたことで、直感的に自分もそのプロセスに参加しなければならないと思ったのだ。グウィネスはそれに同意し、懐疑的な気持ちで参加したが、変容的な体験をしたと私に言った。私は何週間も彼女の体験について考えた。

その直後、私の愛犬は肺がんと診断され、余命1カ月から3カ月と宣告された。私はこの犬を生後8週間から育てており、いつも「この犬は私の犬版で、私にはいなかった娘のようなものだ」と冗談を言っていた。医師は、病気が進行していることから化学療法が効くとは考えていなかったが、とにかくやってみましょうと言った。私は気まぐれで、悲しみを乗り越えるためにクーニー医師にも連絡を取った。電話中、クーニー医師は夫と私に愛犬と一緒に座るように言いました。彼女は私たちを見て言った言葉が忘れられない。私たちはセッションを続けたが、彼が何を言ったかはほとんど覚えていない。彼はとても早口で歌い、話した。それから2年が経ち、私の愛犬は元気に育っている。医師たちは、どうして癌が消えたのか説明できない。こんなことは初めてだという。

最近、私の母は重い病気にかかり、ICUで人工呼吸器をつけていた。急速に悪化したため、医師は生命維持装置の準備をした。もう母と話すことはないだろうと思った私は、もう一度クーニー医師に連絡した。彼女は病院に立ち会う方法を教えてくれ、もう一度、離れたところから母のヒーリングをしてくれた。翌日、母の衰えは止まり、快方に向かい始めた。来週、母の誕生日に会いに行く予定だ。昨夜は電話で話しましたが、母は私の子どもたちを見て笑っていました。

いずれの場合も、医師たちは奇跡的な回復に驚いていた。私は論理的に説明できないものや、完全に理解できない概念には懐疑的である。しかし、この広大で美しい宇宙に生きる一人の人間として、人生には説明できないことがあり、すべてを理解しているわけではないと心から信じている。 それらは偶然なのだろうか？私にはわからない。クーニー博士の能力やその仕組みを完全に理解することはできないだろうが、私が見たもの、そしてそれが私の人生に与えた深い影響に畏敬の念を抱いている。本当にありがとうございました。

ローラ・レーン（作家、ジャーナリスト

可能性への旅

「真理を探究するとき、注意を他に向け
てはならない。

— エックハルト・トール

私は気分が悪かった。私はパソコンに向かい、
目を閉じて言った。次に覚えているのは、目を
開けると涙が頬を伝い、スクリーンに映し出さ
れた「You're killing me」という文字を見つめて
いたことだ。

その日、試合は--私の試合は--変わった。それは
私の身体との異なる関係の始まりであり、私の
身体を肉体的に変えただけでなく、私の人生を

も変えた。簡単なことではなかった。個人的な仕事は決してそうではない。しかし、最も困難だったのは、あらゆるものとの関係を変えることだった。

何が私を "殺して" いるのか、自分自身のどの部分に、そしてなぜ "殺して" いるのかを突き止めようと決意したことから始まった。私は、自分が自由に使えるあらゆるツールやテクニック、そしてキャリアを通じて身につけたその他のものを使い始めた。やがて私は、自分には深く変容するプロセスの才能があることを発見し、ROAR®メソッドと呼ばれる発見と変化のためのツールを開発した。Radically Orgasmically Alive な現実を生きるとは、問題よりも可能性を選択することであり、一度にひとつの行動や信念を選択することである。

この仕事の結果、今日の私の生活は、私がこれまでできる、あるいはできるだろうと考えていたものとはまったく違っている。肉体的な余分な重さに見せかけた感情的な重さ（約15キロの余分な重さ）は、私が変わろうと決心したときにあっさりと溶けてしまった。次から次へと流行のダイエットに焦点を当てる文化の中で、制限や自責の念を手放すことで、自分の体を思い通りの体型に変えるのがずっと早くなることが多いということを思い知らされた。そして体が変わると、内側からも変わっていった。長年の問題が解消され、解決し始めた。

身体の叡智の視点から自分の問題を探求するたびに、まったく新しい会話の世界が広がり、自分が望むものに向かって進むための新しい方法が見えてくる。身体を通して自分自身とつながることで、最高の目的と最高の人生にアクセスできるのだ。

本書の目的は、1) 自分の身体と仲良くなり、その声に耳を傾けること、2) 自分の心に身体との共同研究をさせることで、自分の身体から選択することを学ぶことの利点を発見してもらうことである。なぜなら、あなたが「内なる外側」から変われば、あなたの「内なる外側」もあなたの願望に沿うように変わるからだ。このことを経験すればするほど、気づきの欠如が身体や人生全般に生理的*不快感*や*不調和*を生み出すことが理解できるだろう。このような状態になると、生物としての身体の真の目的は、自分自身だけでなく、他者にもエネルギー的な変化をもたらすことであることに気づかなくなる。あなたが自分自身に言うことが、あなたが身体として世界に示していることなのだ、という事実以上に。もちろん、それは事実だ。しかし、私がここで意図しているのは、身体について、そしてヒーラーやエンパスとしての潜在能力について、別のことをお話しすることです。

世界中のクライアントと仕事をする中で、私は自分の身体に存在することが人々に大きな影響を与えることを発見した。それは、私たちのほとんどが説明する言葉を持っていない影響を与えることができます。家庭や学校では、私たちがアクセスできる普遍的な意識が存在し、それが私たちの存在を知らせるために身体を使うことを可能にしているということは教えられていない。それはプレゼンスであり、ワンネスの状態である。そしてこの状態において、私たちの身体は私たちが知っている以上に多くのことができるのです。

第1章 魂の刻印：あなただけのスピリチュアルな署名

自分自身の魂の刻印の出現に着手することは、自分自身と他者における全体性、愛と喜びへの道である。

― プサリス＆ライオンズ

祖母は無条件の愛の体現者であり、私の子供時代の唯一の救いだった。身長1メートル、カトリック教徒で、イタリア人。彼女自身、多くの苦しみを抱えていた。13人兄弟の末っ子で、小学校以上の勉強をしたことがなかった。彼女の父親は非常に暴力的な男で、母親を殺してしまった。彼女は彼のことを "ゲシュタポ "と呼んだ。しかし、そんな過去にもかかわらず、彼女は多くのことを与えてくれた。振り返ってみると、彼女は私に、どんな苦しみを受けた人でも、無条件の愛の体現者になれることを教えてくれた。彼女は私の最大の師だった。

幼少期に性的、精神的、肉体的虐待を受けた私にとって、彼女は唯一、安心して肉体的な接触を持てる相手だった。祖母が亡くなったとき、彼女は遺産を残した。自分の世界で何が起こっているかに関係なく、親切で貢献的であることをできる限り選択する。その優しさには強さや堅さが必要かもしれないが、それは祖母が教えてくれたことへの愛の空間なのだ。ハートで導く。それが私を身体へと導いた。

そして、祖母が私に教えてくれたことは、無条件に愛する方法だけではなかった。

私たちはミサの中に座っていた。その日、私は彼女がこう言ったのを聞いた。

心臓がドキドキして凍りつき、その瞬間、私の仕事は精神や魂に関係するものだとわかった。私は全身全霊でそれを感じた……私の身体が私に語りかけ、私と私の身体が目覚めたのだから！

魂の刻印

魂の刻印は、あなたのスピリチュアルな署名である。それはあなたの魂の輪郭であり、内容であり、その性格である。

それは、小切手や手紙に書き込まれた名前の文字よりも、あなた自身、そしてあなただけに特定されたものなのだ。

遺伝子や染色体以上に、あなたにとってユニークなものなのだ。

— M.ガフニ

人間であるあなたには魂の刻印があり、より高次の実現への道へと常に呼びかけている神聖なスピリットがある。この道からどんなに外れても、どんなに病んでいても、どんなに断絶していても関係ない。魂の刻印は常にあなたを呼び、そのためにあなたの身体を使っているのだ。私は幼少期の虐待のせいで、自分を守るために自分の中に閉じこもり、断絶するようになったが、私の中には常に別の部分が眠っていた。私の癒しの旅のさまざまな瞬間に、それはまるで私がそれに気づくのを辛抱強く待っていたことを思い出させるかのように、姿を現した。

虐待を克服した人たちの多くは、癒しの場から、表現されていない自分の一部分や、最初から自分の真実として知っていたもうひとつの側面に、ずっと気づいていたことに気づくことができる。今日の私の生活では、この場所から、より首尾一貫して行動している。あなたも似たような経験をしたことがあるかもしれない。今の現実を超えたところにあるものすべてに気づく瞬間、あるいは知る瞬間を。

自分自身のこの側面--魂の刻印--は、まったく唯一無二のものだ。あなた自身のサインなのだ。その刻印を残すことが、あなたの仕事であり、*唯一*の仕事なのだ。そのためには、自分自身に対する限定的な考え方を広げることが必要であり、そうすることで、世界にあなたのスピリチュアルなサインを照らし出すことができる。そうすれば、あなたの身体がそれを助けてくれる。

魂の心理学

「心理療法において、人間の基本的で完璧なパターンから始めるものはない。このパターンはそこにある...″

— レイモンド・チャールズ・バーカー

プロの心理学者として、私の経験では、伝統的な心理学には、人々が探している魂を見つけるのを助けるツールはない。確かに私は助けられなかった。私たちは皆、一人で、あるいは他の人間と一緒に、全体性の感覚を求めている。しかし、この一見とらえどころのない感覚とは何だろうか？エネルギー、つながり、暖かさ、開放感、広がり、活力など、さまざまな言葉で表現できる。私はこれをラディカル・バイタリティと呼んでいる。

自分の本質を見失い、融通の利かない役割や行動、考え方の奴隷になると、苦しむことになる。自分の本当の居場所から遠ざかってしまうのだ。幸いなことに、個人的な変化と変容を通じて、あなたは自分の生い立ちや初期の条件付けの狭くて制限的な側面から自分を解放することができる。あなたの人生におけるあらゆるニュアンス、出来事、イメージ、出来事は、重要な心理的・スピリチュアルな情報の源であり、この情報はあなたの身体に保存されているため、あなたがアクセスできる。ひとたび魂のこの側面に同調するようになれば、魂の進化と根本的な生き方に必要な正確なガイダンスを与えてくれるだろう。

過激に生きる

私たちが本当に求めているのは、生きているという経験であり、純粋に肉体的な面での人生経験が、私たちの内なる存在や現実と共鳴し、生きていることのエクスタシーを本当に感じることができるようになることだと私は信じている。

— ジョセフ・キャンベル

根本的に生き生きと生きる機会は、私たち一人ひとりの中にある。私は長年にわたり、人々がこれを達成するのを助けるツールやテクニックを使用し、開発してきました。それは私が「ROAR®」と呼ぶもので、「Radically and Orgasmically Alive Reality（過激に、そしてオーガズム的に生きる現実）」を生きることだ。しかし、そこに到達するためには、おそらく数キロの減量が必要でしょう。私のような人間なら、それは文字通りの意味かもしれないが、私が言っているのは特に精神的、感情的な荷物のことだ。いずれにせよ、それは肉体が本来持っている知恵を通して、自分の魂と再びつながることを意味する。

どうやるの？自分の中にある癒しの力を活用することから始めよう。人生の神聖な音楽をあなたを通して奏でるためには、エゴは後ずさりする必要がある。あなたのエネルギーを高次の意識と一致させるためには、あなたが生まれた瞬間から蓄積してきた固定観念や信念はすべて消え去らなければならない。

不可能な目標に見えるだろうか？それは本当の目標ではないからだ。それは、私が仕事の中で発見したプロセスであり、シンプルなコンセプトに集約される：内側から自分自身を愛し、自分自身と仲良しになる。エゴと生存の自己の底流に隠された本当の自分、それは本質的に対処戦略と潜在意識を活性化させる。

秘密は身体の知性にある

私たちが内面、つまり思考や信念、パターンのレベルで同じである限り、それは変わらない、

と感情だけでは、深い意味での変容を遂げることはできない。健康であるために

そして、その状態を維持するためには、そう、私たちはよく運動し、よく食べる必要がある。しかし多くの場合、私たちは "身体を超えて" 自分自身を見つめ、自分の身体や人生に対する制限的な信念を検証する必要もある。

メンタリティを変え、心の傷を癒す必要がある……。

— ビル・フィリップス

あの日、体が祖母に語りかけた少女のように、あなたの体もあなたに語りかけるだろう。癒し方、愛し方、生き方、在り方について、今は想像もつかないことを語りかけてくる。問題は、なぜ私たちの人生がこれほどまでに見当違いで複雑で困難なものになってしまったのか、ということだ。そしてもっと重要なことは、それを変え、あなたの身体があなたに与えてくれる解決策、愛、サポートに耳を傾けることができるようになるために、あなたは何ができるのか、ということだ。

お金や仕事、健康や幸福、愛する人やそうでない人、そして何よりも自分自身や世界との関係。あなたが抱えている課題や問題が何であれ、立ち向かう価値があることを約束する。私がそうであったように、「あなたの災難はあなたのメッセージ」であり、あなたの目的はあなたの全体性への旅と密接に結びついていることを発見するかもしれない。

自分に問いかけてみよう：

今、あなたの "ゴタゴタ "に込められたメッセージは何ですか？

ボディ、今すぐこれを変えるにはどうすればいいか教えてくれる？

今、次の正しいステップや行動は何か？

この後、この幹文を使う練習をしよう。どうなるかわかりませんが…。ありがとう。

例えば

1. *質問を投げかけると、自分の身体から答えが返ってくる。*
2. そうなることは分かっている
3. ありがとう！

第2章：何があなたを妨げているのか？

あなたの体の歴史は？
いつ作ったのですか？
その話で満足ですか？
終わりと新たな始まりが必要なのか？
それとも新章？
あるいは、まったく新しい本、まったく新しいルック？

愛する人生を創造することを阻むものは何だろう？ 何があなたを立ち往生させているのだろう？一言で言えば、自分自身だ。あなたが気づいているかどうかにかかわらず、あなたの本当の才能、才能、ニーズ、願望を妨げているのはあなた自身なのです。人と接する中で、多くの場合、あなたを妨げているのは何らかの拒絶反応であることが分かってきた：

1.できることだからといって、あなたのために選択することを拒否すること。

2.自己愛の実践を拒否すること。

3.自分にはすべての良いことがある、一部でもなく、少しでもなく、すべての良いことがある、ということを受け入れないこと。

4.自分が望むものを選ぶことができ、お金や許可さえも待つ必要がないことを受け入れないこと。

5.自分が望むものを選択し、それに向かって積極的に行動し、それを創造しようとしないこと。

誰もがいつも魔法の薬を探している。これをすれば...できる。でも、実際にはそうはいかない。むしろこうだ：こうしたい。これが欲しい。どうすればそれが手に入るのか？

自分を幸せにするものを創り出し、受け入れることを妨げるものは何だろう？　そしてなぜ、自分が本当に望んでいるものを拒むのだろう？意識的なレベルではもちろんそうではないが、無意識的なレベルでは？ああ、そうだ。

毎日の運動

10個のことを書く：

1.何が望みか

2.あなたが望むこと

3.それはあなたを幸せにする

4.上に書いたようなものを作るために、あなたは喜んでやりますか？

あなたの才能と創造性を邪魔するもの、障壁、そらすもの

無意識の信念とは、幼少期に両親や先祖、より広範な文化を通じて、あるいは単に周囲の世界との交流や経験を通じて形成され、現在では自動操縦で動いているものである。当時は、それが私たちにとって理にかなっていた。世界がどのように機能しているかを教えてくれた。安心

感を与えてくれた。そして、その中で私たちがどのような存在なのか、あるいはどのような存在ではないのかを教えてくれた。私たちが身を置いている環境で機能し、あるいは機能することを可能にするゲームのルールだった。しかし今日、それらは私たちの潜在意識の暗い地下に住み、私たちの存在と生活のあらゆる側面に浸透している。

私のプラクティスやワークショップにやってくる人たちは、せいぜい「なぜ自分の人生は思い通りにいかないのだろう」と不思議がる程度だ。なぜ楽しい人間関係や、魅力的で生産的なキャリアや、経済的な豊かさを生み出すことができないのだろう？ なぜ幸せになれないのだろう？それは、無意識の思い込みが、時代遅れで陳腐であるにせよ、裏でショーを動かしているからなのだ。残念なことに、信念はもう役に立たないから消えてなくなるわけではない。

私たちが物事を変えるのが難しいと感じるのはそのためだ。隠れた信念にぶつかるからだ。信念は、私たちの行動、感情、行動を通して、あるいは私たちの人生に生じる状況や条件の中でしか観察することができない。人は苦しみ、信じられなくなり、本当に必要でないことにとらわれる。このような信念が、自分の限界を生み出し、時には自分が生きていることにさえ気づかないこともある。流砂のように、あなたを沈め、そこにとどめておくのだ。

私は、人々が苦しんでいる根本的な信念の多くは、本質的に普遍的なものであり、ある方向、つまりあるレベルでの自己嫌悪に向いていることを認識するようになった。

自己嫌悪

唯一の罪は自己嫌悪だ。

— ポール・ウィリアムズ、ダス・
エネルジ

自己嫌悪にはいろいろな顔がある。*私は悪い。私は必要とされていない。私は重要でない。私はどうでもいい。*自己嫌悪はさまざまな形で現れ、自己妨害として作用する。もちろん、私たちはそれが自虐行為だとは気づかない。いつも何か別のことのように思える：

1.先延ばし

2.他人と自分を比べる

3.アイラ

4.被害

5.プロジェクション／ダズル

6.苦情／批判

7.言い訳

8.恐怖

9.心配／不安

自己嫌悪は、私が「ビッグ3」と呼ぶ、健康、経済、人間関係に影響する。これらは、ほとんどの人が一度は助けを必要とする分野であり、ほとんどのクライアントがセラピーを受けに来る3つの主な理由でもある。クライアントがセラピーを受けに来るとき、彼らの問題はしばしば本格化している。不健康、ストレスや不安を増大させる不自由な借金、有害な人間関係。これらはすべて自己処罰の一形態である。

残念なことに、人は上に挙げたような無意識の信念が働いている兆候に気づかないことが多い。

文章

憎しみの核心は、自分自身であれ他人であれ、「判断」である。何かを判断するとき、あなたは本質的に固定的な視点を持っている…そして固定的な視点はあなたを所有する。視野が狭くなり、視野が狭くなるたびに、あなたは力を失う。自分が本当にしたい行動とは違う行動をとり、それに対して嫌な気分になり、さらに判断するようになる。

判断の本質をよく見てみると、それは過去とその過去の一部である人々の融合体であることがわかる。あなたが持っている判断の思考のほとんどは、実はあなたから生まれたものではないと知れば、解放されるかもしれない。それらは太古の昔から受け継がれ、伝えられてきたものなのだ。その意味で、それらはあなたのものではないのだ。しかし、判断があなたを養い、限定された現実の中に閉じ込めることを許せば許すほど（檻に入れられた動物のように）、判断という虐待と病気を、あなたの身体、あなたの心、そしてこの地上に飼い続けることになるのです。

人があなたに何かを言うとき、あなたがそれを知っていようといまいと、あなたは自分自身に関する無意識の信念のひとつを作り出している。そして、何か自分に似たものを見たり、匂いを嗅いだり、味を感じたりするたびに、その無意識の信念が自分の中、つまり「檻」の中で立ち上がり、こう言うのだ！そうだ、これだ！」と、檻の中にもう一本の棒が置かれ、強化される。そうして、あなたは生涯、本来持っている美しいエネルギーとつながることができないように自分を守ってきた。自分には何か悪いところがあると思うのだ。スピリチュアルなエネルギー・ヒーリング・ワークをしても、無意識の思い込みのせいで、自分が知っているほどにはつながれないのです。

なぜなら、あなたが他人の中で判断していることは、単にあなた自身の中で判断していることの反映にすぎないからだ。

ケージ

　ドイツ語の哲学の語彙の中に、eigentlich という言葉がある。

(真の、本当の）とuneigentlich（運命づけられた真の人生とは正反対の）。

不真面目な人生を送っている人はたくさんいる。

一番難しいのは、自分で作った檻から出ることだ。

— ニーナ・ジョージ

檻は、人々を限られた現実の中に閉じ込めている目に見えない構造や自己監禁を表現するのに便利な比喩である。私はある強力なヒーラーと仕事をしたことがあるが、そのヒーラーが私にこう言ったことを覚えている。これは檻だ。自分自身や人生について内面化された考えや信念が、時間の経過とともに固まり、目に見えない鉄格子となって、自分の固定観念の枠にしがみつき続ける。檻は、「これが現実だ。自分の人生を無限の創造と可能性として経験するのではなく、「これが現実だ。

4つのD：否認、防衛、断絶、解離。

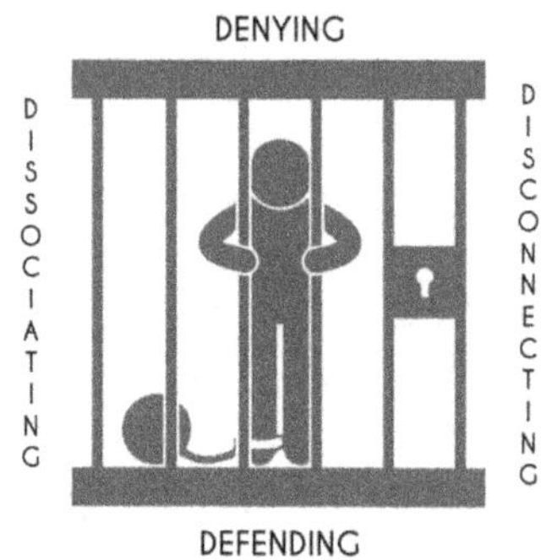

この4つはすべて、ほとんどの人が現実と交渉するために使っているが、実際には檻を強化し、すべてを固定してしまう対処戦略であることがわかった。それぞれを見てみよう。

Deny：何かの存在を認めない。

否定は必ずしも悪いことではない。私がワークショップで人々に言うように、大丈夫だ。私たちは笑うことができる。私たちはとてもつらいことについて話しているのですから。正直言って、トラウマや虐待を経験した場合、ある程度の否定があったほうが生きやすい。しかし、言葉にならない否定は、無意識の思い込みに直結する。不幸な結婚、借金だらけの状況、うまくいかないビジネス、病気の体、トラウマと向き合いたくないがための悪夢など、こうして人は大人になっていくのだ。表現されない否定は、しばしば檻の中に入る最初のきっかけとなる。

誰かに別れを告げられたとしよう。あなたはそれを心か体のどこかで感じ、すぐに「よし、強くならなければ」と自分に言い聞かせる。それは否定だ。あなたはブレーキをかける。

でも、それで終わりじゃない。何度も何度も繰り返しているうちに、私が「ボディアーマー」と呼んでいるものが何層にも積み重なっていくのです。私のROAR®ワークショップで行うことはすべて、このボディアーマーを解放するためのものです。あなたが車を運転していて、突然、鹿が道路に入ってきたのでブレーキを踏んだとします。気づかないうちに、あなたは息を止めていた。鹿は走り去り、あなたは「よし...*鹿は大丈夫だ*」と思う。しかし、あなたは息をするのを忘れたことを思い出さない。そしてその瞬間は、すでに過ぎ去ってしまったにもかかわらず、あなたの心に残る。

それは、自分がとても強く、動き続けなければならないために、注意を払わない信念体系と同じだ。それがボディアーマーだ。私が誰かに呼吸をするように頼むと、めまいがすることがある。息が苦しくなるんだ。息が詰まることさえある。私たちの多くは腹式呼吸をしたがらないが、それは腹式呼吸に感情があるからであり、胸式呼吸に苦痛があるからだ。それが人生を歩むための方法なのだ。

4つのDのどれもが両刃である。なぜなら、起こっていることを否定するなら、自分自身についても否定していることになるからだ。線引きはどこにあるのだろう？こうして、私たちはケージを開発し始めるのだ。気づきを得て、変化のプロセスを始めるには、自分にいくつかの質問をするのと同じくらい簡単なことだ：

1.私はここで何を否定しているのか？

2.私はどう否定されているのか？

3.私は何を否定したいのか？

4.否認 - 自分が嘘をついていることにさえ気づかない。

5.この否定からどのようなポジティブな教訓を得ましたか？

6.自分が否定しているとわかっていることを10個書き出す！

7.知っているようで知りたくないことを10個書き出す。

これらの防衛策に疑問を持ち始めると、不快に感じることが予想される。まるで、これまで一度も名付けられたことのないものを名付けるようなものだ。これは普通のことだ。そのプロセスを信頼してください。

ディフェンス：抵抗する。

自己防衛とは、危害や危険から身を守る方法である。それは生来のメカニズムである。繰り返すが、それは必ずしも悪いことではない。誰かに怒られたときのことを考えてみよう。最初の反応は自分を守ることでしょう？しかし、それが他人のせいだったり、何から何まで自分を守らなければならなかったり、いつも誰かが角から出てきて自分を殺すことから身を守らなければならなかったりするとしたら？そうなると、もっと大きな問題になる。あなたは常に警戒しながら生きていて、常に何かと戦っている。自分の視点や、自分自身について持っている判断、自分が下した決断、あるいは自分の人生における誰かを守るためかもしれない。あるいは、親や子供など、あなたの人生に関わった誰かかもしれない。精神的、感情的、心理的、物理的に、あなたは常に誰かや何かに対して壁やバリアを張っています。例えば、11歳のときにボーイフレンドと別れたが、いまだにそのことを引きずっていて、別れるたびにそのことを引きずっている。

コインの裏を返せば、そうやって自分を守っている間、入ってくる良いものからも自分を守っているということだ。ただ、それに気づいていないだけなのだ。4つのDには、「これは良い。これは悪い。良いものから離れなさい。悪いものから離れなさい。すべてが混ざり合い、あなたはそれを抱えている。自分自身に問いかけてみてください：

1.私は何を守るのか？

2.誰を守るのか？

3.賛否を問うには？

4.守ることの価値とは？

5.ディフェンスの何が一番好きか。

6.自分を守りながら、自分は何を教えているのか？

何かを否定したり、自分を守ったりすると、視野が狭くなる。自分の力を手放してしまうのだ。もしあなたが常に無力感を感じているとしたら、それは外的な状況のせいだと思っていたとしても、おそらくそのせいだろう。そうではない。外的な現実とは、あなたの檻をノックし、こう問いかけるものでしかないのだ。 あなたは今、自分の力を手に入れる準備ができていますか？ それとも、苦しむほうがいいですか？

Disconnect（ディスコネクト）：切り離す、取り除く。

嫌なことが起きると、切り離す。安全や快適さを感じるために、それを意識から遠ざけたり、距離を置いたりする。どうにかして、その出来事から自分を切り離すのだ。身体の痛みや感覚から、他の人から、記憶から、あるいは虐待の原因を自分自身 を含む何から、誰へと切り離すのです。あるいは、自分の夢や目標、願望から切り離すこともあります。

断絶は、防衛や否定とは対照的に、「私はそれに対処したくない」と言う。自分を守るとき、あなたは誰かや何かに反応している。反撃しているのだ。否定は、「そんなことはなかった」と言っているのだ。

質問は？

1.接続を切っている間、私は独学で…？

2.私は何を現実として認識することを避けているのか？

3.私は、彼らの本当の姿を直視する代わりに、彼らの本当の姿以外の誰かを見ているのだろうか？

4.私は何に取り組まず、後回しにし、遠ざけているのか？

5.この方向に傾くとどうなるか？

・・・

Disassociate：その瞬間に経験していることから切り離す。

[注：これは4つのDのうち最も極端なものであるが、私はここで多重人格障害、解離性同一性障害、境界性人格障害を指しているのではない。]

ここまで来たということは、使い古された否定と防御があるということだ。他のDと同様、それは必ずしも悪いことではない。それは、あなたが人生でこれまで生き延びてきた方法なのだ。解離するということは、自分の中の癒されていない部分を過去に残してきたということだ。自分の一部がまだそこにあることで、自分がいる今という瞬間ではなく、過去に縛られ続けているのだ。それは、何かの激しさや厳しさから逃れようとするときに使われる戦略だ。身体から、あるいは激しい喜びや悲しみや怒りから解離することができる。

1.自分の中に根を下ろすのではなく、自分の人生の観客のように感じるファンタジーの世界に自分が入り込んでいるのを感じるのはどんなときか？

2.どのような行動が解離の証拠なのか？ 無心になって何時間もテレビを見続けること？ アルコールや他の物質で麻酔状態になること？

3.人々が喜び、幸せ、笑い、あるいは悲しみを経験するのに忙しくしているとき、私はその集団の中で部外者のように感じるだろうか。

4.解離したとき、何をあきらめることにしたのか？

質問は？

これから11日間、毎日、断捨離を始めたり、続けたり、やめたりする時間を書き留めておく。

その行動や振る舞いは、あなたに何を教えてくれるのか？

安心感、回復力、寛容、受容、優しさ、思いやり、それとも勇気？

通常、人は自分でも気づかないうちに4つのDを経験する。友人やパートナーとの口論はこんな感じだ：

「いや、君のことだよ。

"これだけは言わせてくれ…"

"こうするたびに…"

このような会話に聞き覚えはないだろうか？私はよくクライアントに、言葉に気をつけるように言う。いったん否定から入ると、いつの間にか防衛に入り、そこから解離に直行するか、断絶にクロスオーバーするか、どちらかだが、いつも解離で終わるからだ。そしてまた同じことを繰り返す。否認に戻ると安心するからだ。

あなたの人生におけるこれらの対処戦略の役割と、それを支えている無意識の信念を調べながら、自分の限界はどこにあるのか、何ができるのか、何が健康的なのかを学んでいきます。病気、ガスライティング、不幸、不安、うつを生み出しているのは、4つのDの戦略（否認、防衛、離脱、解離）を使って自分を放棄することであることがわかるだろう。自分を閉じ込める目的は、存在しないことだ。そう、存在しないことだ！その通りだ。

エクササイズ

1.紙を半分に折り、片面に4つのDを書く。目を閉じて、もう片方の紙に、自分の人生で4つのDをそれぞれ示した例を振り返る。

2.あなたが避ける人、場所、物事のリストを作る。

3.人に対して、なぜ距離を置くのか考えてみよう。 他人はその人を、自分とはまったく違う見方で見ていないか？ 他人があなたや他人への接し方を心配しているとき、あなたはその人の行動を「説明」していることに気づかないか？

4.その場所で何がありましたか？ その場所はあなたにどんな感情を与えますか？ なぜその場所にいることを避けますか？

5.物については、あなたが今まで手元に置いたり隠したりしてきた物のリストを作ろう。 その物についての最初の記憶は何ですか？ その物と初めて一緒にいたときに何が起こりましたか？ その物を処分することを恐れていますか？ なぜですか？

6.これからの1週間、あなたが4つのDに当てはまるときを意識してください。どこにいるのか、誰といるのか、何をしているのか、何を感じているのか。

このエクササイズを試すことで、自分の身体との対話が始まり、マインド、ボディ、スピリット、ソウルの調和への道が開けるだろう。

第3章：どのようなメリットがあるのか？

自分の限界を主張すれば、もちろんそれは自分のものになる。

— リチャード・バッハ

檻、試練、4つのD…これらはすべて、外界に対する感覚を麻痺させるために（無意識にではあるが）考案された対処メカニズムである。しかし、麻痺は選択的なものではない。それはまた、*自分自身の経験や、世界における贈り物としての本当の自分という存在*に鈍感にさせるものでもある。

心の奥底で、あなたを麻痺させているのは恐れなのだ。見られることへの恐れ、暴露されることへの恐れ、あなたが愛する考えを生み出すことへの恐れ。その恐怖が、いつも流れに逆らって漕いでいる自分に気づくような行動をとらせ、すべては偽りの自己の嘘を信じているからだ。これが、本当に手に入れたい現実を創造することを難しくしているのだ。なぜなら、そうするためには、恐れや自己制限をなくさなければならないからだ。そして、現状にとどまることには利点もある。あなたのこれまでの人生は、こうした制限の上に成り立っている。それが、あなたが自分自身を知る唯一の方法であり、健康、身体、お金と経済生活、仕事、人間関係（あるいはその欠如）を築くために使ってきた枠組みなのだ。

それは、過去のシナリオが未認識で未解決のためであり、そのシナリオの中で、あなたは自分自身について真実でもない何かを、自分自身について真実だと決めつけ、そしてそれがあなたになったのだ。そうやってあなたは人生を送る。そうやって人間関係を引き寄せる。お金もそうやって引き寄せる。ビジネスを引き寄せる。自分の体もそのように引き寄せる。そして、そのような空間から、人生で「起こらないこと」を引き寄せるのだ。チャールズ・シュルツの漫画『ピーナッツ』のピッグペンを覚えているだろうか。彼はいつも小さな埃の雲を巻き上げている胡散臭い人だった。それはこうした信念体系のエネルギーと同じで、いつもあなたの周りを渦巻いていると同時に、あなたがいらないと言っているものを引き寄せているのです。あなたのエネルギー・フィールドがすべてを物語っている。

知られざるメリット

ほとんどの人にとって、そこから何かポジティブなものを得られるかもしれないという考えは、たとえそれがひねくれたものであったとしても、しばしば少し恐ろしいものだ。それは否定されることの一部なのだ。しかし、自分の限界にしがみつくことで得られる可能性のある利益をいくつか考えてみよう。聞き覚えがあるだろうか？

1.パワー

2.セキュリティ

3.セキュリティ

4.コントロール

5.一人で、あるいは自分の声に耳を傾けるスペースを作る。

6.平和

7.リラクゼーション

8.自由

9.注意事項

10.愛

11.復讐

12.スペース

13.息をする、または息がある

14.機知に富む

無意識の信念や制限を手放すと、自分の願望とエネルギー的に一致するようになり、正しい行動をとるようになる。可能性への扉を開くのだ。しかしほとんどの人は、その可能性に価値があるとは思っていないので、ドアを開けようともしない。自分を解放しなさい、後悔はしない！

なぜFEAR（現実に見える偽の証拠）を生み出したいのか？
理由はただ一つ、可能性に満ちた世界で自分を制限するためだ。あるレベルでは、それらの可能性は未知で不確かなものだからだ。だから、その可能性やその結果に直面する代わりに、自分を制限してじっとしているのだ。

と尋ねると、「お金がない」、「家族と別れることになるし、家族も私を必要としていない」、「やり方がわからないから、見たくもない」といった答えが返ってくることが多い。仕事が多すぎる」と言うこともある。あるいは、病気や疾患を抱えているのかもしれない。理由はたくさんあるし、誰にでもある。「私は醜い。恥ずかしい。私は失敗作だ」。これらは、人生を創造することに取り掛からない「理由」である。そして、それらは本当に言い訳なのだが、あまりに多くの場合、人は違う現実、本当に手に入れたい現実を創造するよりも、それらが真実だと信じることを選ぶ。このような人

は、次のような質問を自分に投げかけてみてほ
しい：

*理性、つまり「虚偽」が、真実を創造するより
もむしろ嘘を信じたいと思うほど重要なのはな
ぜか？*

*それはどのような機能を果たし、誰の役に立つ
のか（通常はあなただけではない）。*

続けることで得られる利益や報酬は何ですか？

何を学んでいますか？

「このこと」がどのようにあなたを突き動かすの
か？

どんな「良いこと」を教えてくれるのか？

今日、このパターンは完成しましたか？

この状況を変えるために、あなたは何をします
か？

本当の答えは頭ではなく、体から出てくるから
だ。あなたは耳を*傾け*、答えを感じ、しばしば

解放感を伴う。無意識の信念を手放すたびに、あなたはプレゼンスとあなた独自のスピリチュアルなシグネチャーとより一致するようになる。変化のリスクをとれば、身体はあなたを失望させない。

中に入るには、檻の鉄格子をガラガラと鳴らすことだ。涙を流せ。感情は動くエネルギーだ。檻は、あなたが身体に抱えていて、解放できずにいるものを表している。以前は目に見えなかったものの重さや密度に気づき、同調することができる。自分の制限がなかったら、私はどうなっていただろう？身体がそれに応えて、あなたの人生により大きな可能性を与えてくれる。あなたはただ、どこかから始めなければならないのだ。

次のような質問を自分に投げかけ、それに答えて自分のビジョンを書き出してみましょう。あなたは自分の未来を創造しているのです：

このような制限がなかったら、あなたの人生はどうなっていただろう？

一緒にいるのは誰？

その内容は？

あなたは何を感じますか？

身体でどう感じる？

寛容とはそういうものだ。同じ結果を得るためには、より多くのことが必要だから、やってもやってもやり続ける。心理学ではこれを「状態依存理論」と呼ぶ。心理学ではこれを「状態依存理論」と呼んでいる。つまり、自分が問題を引き起こした、あるいは今では時代遅れとなっている決断を下した、まさにその状態でなければ、自分が得たいものを思い出したり、変えたり、得ることはできないということだ。だから人は、その楽しさに到達するために酒を飲もうとか、その気づきに到達するためにドラッグを飲もうとか、有害なダイナミズムの中にとどまろうとか考えるのだ。自分の体に尋ねて、二人のためになることを選べばいいのです。

現実は、あなたが望む意識に至ることができるということだ。あなたが生きてきたすべての嘘を取り除くことができる。そして、檻から抜け出すことができる。自分が何を変えたいのか、目標を設定することから始めよう。自分が不機嫌な人間かどうか、わかっているはずだ。何でも人のせいにしていないか。経済状況が変わったかどうか。性的に幸せかどうか。自分の体が幸せかどうか。自分の仕事が幸せかどうか。あなたは知っている。そう、そしてもしあなたが信じなくても、あなたの身体は信じている。聞いてください

過去と向き合うには勇気がいる。 今の現実はどうなっているのか？人はそれをとても怖いと感じるが、現実は、あなたが*過去を現在に生きて*いるということだ。そして、それが怖いのではなく、もっと怖いのは、あるレベルでは、あなたがその恩恵を受けているということなのです。 それとも、そうなのでしょうか？それが本当の檻だ。

エクササイズ：ケージの鉄格子の中

あなたがこの檻の中にいて、ドアに鍵がかかっていると想像してください。檻には12本の棒がある。それぞれの鉄格子は、あなたがしがみついている恐れや制限を表し、それがあなたの完全な生を妨げている。

紙を12枚の長さに切り、それぞれの短冊に、恐怖、メッ セージ、制限など、あなたが脳の中に

住まわせていて、あなたを 抑えつけているもの
を書いてください。それぞれの短冊の裏には、
その障害を取り除くためにあなたができる行動
を1つ以上挙げてください。この練習の最後に
は、あなたが檻から出たことの象徴として、そ
の紙をシュレッダーにかけたり燃やしたりする
ことができる。あえて2回言ってみよう。

第4章 身体の知恵

身体の認知とは、身体に耳を傾け、身体に反応することを学ぶことである。

親切に接し、彼との関係を築く。

自分のシステムをマスターし、生きたい人生を送るのだ。

— ホリー・ブリッジス

身体はGPSに似たナビゲーション・システムだ。しかし、私たちがテクノロジーの能力に驚嘆するのと同じくらい、私たち自身の身体の「テクノロジー」ははるかに偉大であり、特に直感（ここ）がなければ、テクノロジー（そこ）は存在しないことを考えれば、なおさらである。アルベルト・アインシュタインは、「科学における偉大な業績はすべて、直感的な知識から始まるに違いない」と述べている。私は直感とひらめきを信じている…」と言ったアルバート・アインシュタインから、「自分の心と直感に従う勇気を持ちなさい」と言ったスティーブ・ジョブズまで。どういうわけか、それらはすでにあなたが本当になりたいものを知っている。他のことは二の次だ。

直感的な意識

身体がよりエネルギー的にプレゼンスと調和し始めると、直感や未来への意識にアクセスするのがずっと簡単になることに気づくだろう。このこと自体が、多くの人が無意識のうちに檻の中にとどまることを選ぶ理由かもしれない。無知であることが至福であり、責任が少ないように思えることもある。知っている未来は、何も知らない人にとっては未知の未来と同じくらい恐ろしいものだ。直感にアクセスすることで、トラブルを避けることができる。

直感自体は微妙なものなので、小さな形で現れることが多い。たとえば、その日の朝、パートナーはあなたに腹を立てていないにもかかわらず、あなたはパートナーがあなたに腹を立てていると思うかもしれない。その日はうまくいっていたのに、12時間後には怒っている。このような「警告」は、4つのDのサイクルにはまり込んで注意を払わなかったり、直感に耳を傾けなかったりするよりも、ずっと関係を楽にすることができる。

例えば、パートナーが知りたくもない浮気をしているときに、馬から落ちて腕を骨折するとか（私も経験がある）。あるいは、朝ナイフで指を切り、支払いが滞ってしまう。もちろん、これらの出来事は決して関連性があるようには見えないが、あなたの注意を引くことに気づいてほしい。幸いなことに、こうした経験が頻繁に起こることは少なくなってきている。あとはあなたがそれに耳を傾けるかどうかの問題だ。

自分の身体と交感することは、「ボディワーク」とは違う。私は何年もの間、自分自身のために、また他の人たちのために、さまざまな形の「ボディワーク」を行ってきたが、数年前まで、自分の身体と同調することはなかった。私が耳を傾けていようといまいと、身体はいつも私に語りかけていたのだ。今と違うのは、身体は今も私に語りかけているだけでなく、私は毎日身体に語りかけているということだ。双方向のコミュニケーションなのだ。

以前は自分の体にとても違和感を感じていた。皮膚の下に虫がいるような感じだった。私の体には他人のエネルギーがあり、他人の現実がありました。私は自分のことをあまりよく思っていなかったし、自分が何であるかについての長い判断のリストを持っていた。そして、自分の内側を見つめることを決心して初めて、私が食べているものではなく、私を食べているものだとわかった。体を持つことは醜いこと、快楽は恥ずべきこと、女性であることは虐待されることだと思っていた。そのような考えを私は自分の体に植え付け、「消化」することができなかった。そして、体に与えたものを消化できなかったり、消化できなかったりすると、炎症が蓄積し、体重増加の原因になる。

私の場合、それは心と体の分離であり、自分の体を掘り下げて耳を傾けるようになって初めて変わり始めた。 その痛みは何を意味するのか？ その痛みは誰のものなのか？ 私はどんな決断を

したのか？ 私はどんな結論に達したのか？ 私は自分の人生をどのように生きてきたのか？ 私はその決断と結論に従って、自分の人生をどのように形作ってきたのか？ 私はその決断と結論に従って、自分の体をどのように形作ってきたのか？ なぜなら、もし自分が悪であり、間違いであり、悪いものであり、ひどいものであり、恥ずべきものであり、怖いものであり、醜いものであると信じているならば、あなたの身体は、その見え方、形、フォーム、感じ方において、それらを反映しているかもしれないからだ。

だから私は、変化の身体、可能性の身体と呼んでいる。知覚を変えると、身体もそれに適応するように変化する。しかし、それは偶然に起こるのではない。自分にとって良き友となり、共に拡大する存在となり、反対に縮小する存在となることを約束し、選択することによって、それを解放するのだ。そうすれば、身体はあなたの友人となり、あなたの人生を生きるための乗り物となり、あなたの最大の望みのために最も拡大的なもの、あなたのハートを歌わせるもののために、あなたと積極的に協力するようになる。あなたは自分自身と新しい関係を築く。個人的にも仕事上でも気分が良くなり、まるで超能力のように、楽しく、楽に、生きる喜びを感じながら、自分の人生を創造するために行動を開始する。

なぜなら、問題も結果も、コミュニケーションの中、つまりあなたが自分自身に語るストーリーの中に存在するからだ。ストーリーを変えれば、結果も変わる。

> *問題*でいっぱいだと、新しいものが入ってくる余地はない、
>
> *解決策の余地はない*。だから、できるときはいつでも、スペースを作り、スペースを空けておく……。
>
> — エックハルト・トール『パワー・オブ・ナウ

私たちの身体は変化することができる。その変化をもたらすために必要なのは、たったひとつの選択だ。そして、それは「大きな」選択である必要はない。

1度の変化

私たちの言葉は、私たちの現実のあらゆる糸や繊維の中にある。言葉を変える

自分自身の中で、私たちは意識を拡大したり、縮小したり、変化させたりしている、

そして私たちの現実。私たちの前の世代の考えや会話は、今も続いている。

私たちの人生において真実であり、現実である。

— ロバート・テニソン・スティーブンス

もしあなたが、父親、母親、上司、配偶者、あるいは他の誰に対しても、あなたの人生における特定の状況について、これまで感じたことのない感情をひとつでも感じようとするなら、それは1度の変化である。もしあなたが、自分が知っていることさえ知らなかったことをひとつでも言葉にしようとするなら、それは1度の変化である。

私はクライアントと仕事をするとき、いつも「今、あなたの1度の変化は何ですか？ このセッションを終えたら、あなたの意図は何ですか？ ある時、私にとっての1度の変化は、「何が起ころうとも、今日は自分を幸せにする。そして、すべてのことに感謝する」。当時の私は、どうすれば幸せになれるのか、何に感謝すればいいのかわからなかった。何が起ころうと関係ない。たとえそれが最悪だったとしても、私はそれに感謝しようと思った。

何があろうと、毎日外に出て30分の散歩をする。携帯電話で時間を計り、用事は一切しない」。やがて30分が1時間になり、1時間が1時間半になった。そして、仕事に戻りたくはなかったが、仕事に戻らなくてはならなくなった時、スペースがあったので、いつも良かった。度シフトがそうさせるんだ。スペースができる。自分は*間違いだ*、*自分は必要とされていない*、*自分は恥ずかしい*、*自分は何者でもない*、*自分は*体の中の細胞意識の*詐欺師だ*、というような思い込みをなくすと、気持ちが軽くなり、自由になる。それは程度の差こそあれ、変化なのだ。

あなたにとって、程度の変化とは何でしょうか？それは、過去の出来事に立ち向かうような単純なことかもしれない（*単純*と言ったが、*簡単ではない*）。あるいは、自分がいかにコントロールできないと感じているかを認識することかもしれない。自分の世界に置き換えてみてください。声に出してもいいし、心の中でささやいてもいい。そして書き留める。それを現実のものにする。

私にとっての1度の変化とは？

ここでは、一日の始まりに度量のある変化を起こすエネルギーを得るためのアイデアを紹介する：

- 毎朝、その日のワンランク上の変化を書き留めることを約束する。

- 書いた文書を持ち歩き、1日に数回声に出して読む（この練習にはインデックスカードが効果的）。

- その1度の変化を日々生きるために努力し続ける。

- *今日の私の採点は…。*

- *今日の感謝の言葉は…*

- 今日、アクションは...

- 私にとっての1度の変化と は...

友人としての身体

ローマは一日にして成らず。30年来の歴史があるのなら、おそらく一気には手放せないだろう。自分にも仕事にも忍耐強くあれ。ひとつ頼りになるのは、あなたの身体が真実を教えてくれ、人生の混乱からあなたを導いてくれることだ。最近、ある人が私に次のようなことを教えてくれた。

あなたの身体はあなたの親友であり、これまで一度も嘘をついたことがなく、これからも嘘をつくことのない親友なのだ。これらのアイデンティティーのサインを心に留めておいてください：

君の体だ：

- は、あなたへのコミットメントにおいて揺るぎないものであり、あなたの崇高な目的をサポートするためだけに存在する。

- どんな扱いを受けても、決して飽きることはない。

- は、あなたを判断することなく、あなたの心の状態を "想像 " し、反映させながら、驚くべきフィードバックを与えてくれる。

- あなたのあらゆる命令に応える。

- はあなたのプロジェクトであり、あなたの創造物であり、世界への贈り物である。

- 一瞬たりとも、あなたを迷わせることはない。

- 純粋な献身を自由に使うことができる。

多くの場合、人は自分の体に入りたがらない。体の中に入ってしまうと、体がすべてを記憶しているために、過去を思い出してしまうからだ。記憶していないのはあなたの心です。あなたの心は思い出したくないのです。でも身体はすべてを覚えている。私があるワークショップで一緒に仕事をしたある女性は、体がうまく反応するように何度頼んでも、頭の中にとどまっていた。彼女は「広がりがある」、それが自分の体だと言い続けたが、私には彼女が頭から反応しているのがわかった。そしてついに、体を開いた。わざと抵抗していたのではなく、無意識だったのだ。醜いという信念を体現していたため、彼女の身体にいることは苦痛だった。彼女は傷つくことを避けたがり、現在よりも未来や心の中にいたいと思っていた。

現実は、怖いと思うかもしれないが、恐怖そのものはあなたの心が生み出したものであり、あなたの10パーセントに過ぎない。だから、このような経験をナビゲートすることは、自分の10パーセントである心から、自分の90パーセントである体に焦点を移すことなのだ。

感じることは、考えることよりも自分自身の真実に近づける。

— エックハルト・トール

あなたの体は贈り物だ。可能性なのだ。それはあなたが持っている死んだマントではない。あなたがそうさせるなら、それはあなたに語りかけるだろう。しかし、まずは他人の言うことではなく、それに耳を傾けなければならない。

自分の体に意識を向ければ、状況は変わるからだ。自分自身に問いかけてみてください：*自分が変えていないことで、自分の身体が変えたい*

と思っていることに気づいていることは何だろう？ もっと静寂や平穏を与えてくれるものは何だろう？そして耳を傾ける。そして、答えだけでなく、そのエネルギーに耳を傾けてください。

振り返ってみると、自虐的な思考や自己破壊的な信念ではなく、愛と空間、そして自分自身を良く感じるというエネルギーが、内側と外側から人生に対する見方をすべて変えたのだ。私たちの身体は感覚を伝える有機体であり、身体が表現するものはすべて、何かを伝えるものなのだ。問題は、あなたの身体はいったい何を伝えているのか、ということだ。それを知るひとつの方法は、ある考えが浮かんだときに身体がどのように*伸縮*するかに気づくことだ。では、今自分に問いかけてみてほしい。*ボディ、あなたは今幸せですか？* 何を感じますか？

イエスかノーか

自分の身体を一種の「感覚瞑想」と考えてみよう。自分の身体を使って、自分が見落としているかもしれない必要な情報に同調し、決断を下すことができる。例えば、私は国際的なビジネスをしているが、トルコ、オランダ、スペインのどの地域に*焦点を当てる*のがベストなのか、自分の身体とコンタクトをとる。あるいは、身体に何らかの痛みや緊張があったり、人間関係で葛藤があったりすると、私はまず自分の身体にこんな質問をする：

1.私は何を意識することを拒んでいたのか？

2.私は何を見逃してしまったのか？

3.今、私の関心はどこにあるのか？

4.こうなることが目に見えていたのに、どうして気に留めなかったのだろう？

あなたの身体は、生来のガイダンスシステムとして、あなたを失望させることはない。身体はあなたとコミュニケーションをとり、あなたの質問に対して「イエス」か「ノー」かの答えを出す特別な方法を持っている。身体は「もしかしたら」をしない。一般的に、"Yes "の場合は広がりが感じられ、"No "の場合は身体の一部、あるいは全体的に収縮が感じられる。人それぞれ、自分の「メッセージ」システムを発見し、育てていかなければならない。自分の身体で何が「Yes」で何が「No」なのかを見つけるのだ。通常、あなたは身体で何かを感じ、それには説明がある。例えば、胃に緊張を感じるかもしれない。それに関連する色があるかもしれない。あるいは頭やハートに感じるかもしれない。自分の身体ともっとつながり、意識し始めると、人生の大半を収縮した状態で生きてきたことに気づくかもしれない。大きな変化は、そのことに目覚め、拡大と可能性の中で生き始めることができるようになることだ。

シンプルなスタートだ：

自分の名前を口に出して言う。

"私の名前は..."

その知識を身体のどこで感じるか、気づいていますか？

その感覚こそが、あなたの「イエス」なのだ。

私はカエルです」。

自分の体がどこに反応しているのか、気づいているだろうか？

これがあなたの "ノー "だ。

これを日常的にプレーする。

本当のナビゲーションシステム、あなたの身体
へようこそ！

*人生は偶然に良くなるのではなく、変化
によって良くなるのだ。*

— ジム・ローン

あなたが進化し、変化するにつれて、あなたの
"Yes "と "No "も変化する。それは、人生に引き
寄せる人々であったり、着る服の種類であった
り、活動内容であったりする。例えば、お酒を
飲んでいた頃と今とでは、イエスと言うものが
全く違う。そして今、私がノーと言うことも違
うのは、私が目指すところと相乗効果があるか
らだ。欲望と現実化するもののゴールが違うん
だ。以前の私は、自分の魂の刻印と一致しない
世界や信念と同一化するあらゆる方法をナビゲ
ートしようとしていた。

肉体から切り離されて断片的に生きていると、
すべてが切り離されて断片的になる。だから、
例えばビジネスで何かを生み出そうとしても、
それは実現するかもしれないが、難しいだろ
う。遅すぎたり、急いだり、何か別のことが起

こる。自分の魂の刻印ともっと一致するように
なると、以前は断片的だったために引き寄せら
れなかったさまざまな人を引き寄せるようにな
る。私たちは、自分の分断や断絶と同じレベル
かそれ以下の人を引き寄せる傾向があります。
エネルギーが私たちの闘争と一致し、その結
果、まさにそれが現れるのです。

周囲への感受性

私たちの身体は周囲の世界に対して非常に敏感
で、自分でも気づかないうちに他人のエネルギ
ーを自分の身体に取り込んでいる。でも、立ち
止まって問いかけようと思えば、いつでもそれ
に気づくことができる。 よく寝て、よく眠った
にもかかわらず、とても疲れていて、機嫌が悪
くて目が覚めたことが何度あっただろう？ それ
は何について？今、そのことを考えていると
き、誰のことが頭に浮かびましたか？

私のワークショップでは、エネルギーヒーリン
グのテクニックをたくさん教えています。さら
に重要なのは、その人たち自身がそのつながり
に気づくようになることです。ある人は偏頭
痛、首の痛み、背中の痛みで目を覚ました。私

たちは、このような質問をするだけで、すべての状況を把握することができた：

- 誰を知っている？

- もし痛みが話せるとしたら、何と言うだろう？

- 誰の痛みなのか？

経験することのすべてが、過去の経験に由来するわけではない。自分の過去と、それが現在の自分に与えている影響をクリアにする努力をすればするほど、世界のエネルギーを拾い上げることができるようになる。あなたが感じていることは、あなたの知り合いに関係しているかもしれないし、サウジアラビアで苦しんでいる子どものように感じるかもしれない。人間として、私たちはエネルギー的な存在であり、すべての人、すべてのものとつながっている分子感覚生物だからです。

私たちは宇宙レベルでひとつなのだ。なぜそうなのかを問うよりも、「このエネルギーが私のものではないと知った今、私はこのエネルギーで何ができるのか」という問いに集中する方が有益だ。エネルギーを手放す方法はたくさんある。地球に捧げるもよし、光に送るもよし、愛を送るもよし、ひざまずいて祈るもよし、バッグに叩き込むもよし。ポイントは、自分のものと他人のものを見分けることを学ぶことだ。子供のころは、自分が考えたり感じたりすることはすべて自分のものだと思っているものだが、非常に敏感でつながりの強い存在であるあなたは、母親だけでなく、父親、兄弟姉妹、叔父叔母、教師……そして神のみぞ知る相手と、いつでも接している。

運動：（1日3回、21日間続けることをお勧めします。）

1.自分の身体について持っているメッセージを書き出す。その目的は、これらのメッセージを頭から追い出し、文章にして認めることです。この練習をするために、頭の中で自分自身に対して発している否定的な コメントについて考えてみるとよいでしょう。次に、自分自身に関する信念やフレーズを10個書き出してみましょう。

2.自分の身体を振り返ってみてください。次に、自分の身体に対する批判を10個書き出してください。注：上記の批判と同じようなものでも構いません。

3.あなたの体にはどんな「不調」があります か？ 病気になりやすいですか？ いつも痛むこと がありますか？ よくお腹が痛くなりますか？ 呼 吸が苦しくなることがありますか？ いつ、なぜ ですか？では、あなたの体の不調や不快感を10 個書き出してみてください。

4.目を閉じてください。

5.片手を胸腺（心臓の中心）に置き、片手を恥 骨（下腹部）に置く。

6.口呼吸を3回しながら顎を落とす。

7.サイキックハンドでエネルギーをつかんだら、 本物の手を使って投げてみよう…。

8.地球に5回降りる。

9.天まで5回。

10.目の前で5回。

11.今度は口で3回呼吸する。

12.胸腺と公開骨に手を当て、床に足をつけてい るのを感じながら、今いる部屋の四隅を広げて 触る。

13.今いる街の四隅に広がる。

14.自分のいる州の四隅まで拡大する。

15.今いる国の四隅まで拡大する。

16.まるで地球の四隅があるかのように。

17.宇宙の四隅（もしあれば）まで拡大する。

18.違いに気づいたか？

19.胸腺と恥骨に手を置いたまま、次のことを書いて、あるいは言ってください：

20.私は変わった！

21.自分が変わったことは分かっている！

22.私は自分が変わったことを知っている。

第5章 断絶を癒す

人間は今、恐怖中心のアドレナリン全開の生活から、完全に身体的知性を備えた生活へと移行する機会を得ている。身体的知性は、私たちの視野を恐怖から、私たちの細胞に宿る豊かで古くからの知恵へと広げてくれる。

— ゲイ・ヘンドリックス

自分自身と自分の身体の知恵を信頼することは、他人の宇宙の中にいることや、他人の目を通して自分を判断することをやめることを自分に許したときにしかできない。自分の価値や価値を正当化する必要はない。

長い間、私は自分が何に夢中になっているのか、どんな資格を取得しているのかを人々に伝える必要性を感じていた。そしてそれは、何が私を受け入れてくれるのか、何が私を昇進させてくれるのか、何が私に正しい、良い、より良いという印象を与えてくれるのかということから来ていた。他人の視点から見るのをやめて初めて、自分自身を見つけることができた。一夜にしてそうなったわけではなく、コンピューターの前で自分の身体と対話する瞬間から始まったのだ。

私はまず個人的な人間関係、つまり「外」にある人間関係に焦点を当て、これまでとは異なる方法で人間関係を探求し、育み始めた。自己との関係、健康との関係、ビジネスとお金との関係、個人的な金銭感覚とお金との関係などだ。*私は幸せだろうか？*予想通り、私は幸せではなかった。そして、自分が創造しているもの、そしてそれをどのように創造しているかに満足していなかった。

もしあなたが不幸な人間だが、それを告白せず、その理由を無視することに最善を尽くしてきたとしたら、あなたには多くの仲間がいる。少なくとも何かが私たちを揺さぶるまでは。世界的な大流行が起こり、人々が自宅待機を余儀なくされた2020年が良い例だ。私たちは一緒に暮らしている人たちと一緒に家に閉じこもっていた。そのような状況下では、彼らが自分とどう関わっているのか、自分が彼らとどう関わっているのか...あるいは、自分が自分の身体とどう関わっているのか、自分の身体が自分とどう関わっているのか...あるいは、自分が友人とどう関わっているのか、実際、彼らは本当に友人なのか...といったことを無視することはかなり難しい。突然、銀行口座に何が入っていて、何が入っていないかを無視できなくなる。以前は忙しくしたり、行動したり、避けたりすることで嫌な気持ちを遠ざけていたのに、悪夢を無視することはできない。母親や父親に対する不満や、彼らがもうこの世にいないことで感じる痛みや打ちのめされた気持ち、そしてそれがあなたの人生にどのような影響を与えたかを無視することはできない。

しかし、人生を変えたいのであれば、過去のそうした状況を信頼したり、我慢したりすることはもうできない。この作品は、「自分の人生が気に入らない、変えたい」ということをテーマにしている。自分の人生において好きなことがあるかもしれないが、自分の現実のどんな部分にも冷酷に正直に向き合い、違う現実を創造しなければならない。

以下の質問に答えてください：

- *自分の人生の嫌な部分を挙げ、それを変えるために必要なことは何でもすると約束する。*

- *自分の行動の中で気に入らない部分を挙げ、それを変えるために必要なことは何でもすると約束する。*

- 今すぐ選択するのだ。声に出して肯定するのだ。

- *私が選ぶのは...*

- さて、あなたの選択に従うための行動は何ですか？それが何であるかは問題ではない。最も重要なのは、行動があるということだ。

- *I...*

- あなたが今持っている感謝の気持ちをひとつ挙げてください。

- *私は感謝している。*

- *私は感謝している...*

- *私は感謝している...*

- さて、自分の体を見てみよう...。

- はじめまして...

- 自分を抱きしめてあげよう。

- 愛してる」と言う。

- ありがとう、ボディ」と言う。

- さあ、偉大になれ。

- そして、それはまだあなただ。

アルコールアレルギーがあることを知り、禁酒を決意したとき、私は毎日その松葉杖なしで生活することを学ばなければならなかった。その解決策は、毎日1st Shifts™に取って代わられた。今は、より良くなる可能性のあるものを見るスペースがあった。以前なら、ただお酒を飲んで、何も見ないでいたかった。アルコールが恋しいわけではなかったが、自分の人生や、自分の現実に対する責任、コントロール、創造も恋しくなかった。その欲求が、檻や4つのDの悪循環から逃れるためのツールやテクニックを見つけたり、開発したりすることにつながった。

檻から抜け出すためのツールとテクニック

1.ロアーのテクニック

ロアー®テクニックは、過去のトラウマを言語的、エネルギー的、身体的に解消するソマティックテクニックです。自分が知らず知らずのうちに思い込んでいる制限や、病気を引きずっている無意識の思い込みを取り除きます。痛みや不快感から解放されるために、あなたが望むなら、毎日使うことができるツールなのです。私は、自分で掃除ができるオーブンに例えるのが好きだ。私はときどきクライアントに、バスルームに入り、テクニックを磨き、そしてバスルームから出てきて、仕事に戻り、仕事を続けることができると言う。そして時には、驚くことにそうなることもある。

ロア®テクニックの略語はこうだ：

現在の状況はどうですか？

2.何を提案しているのか？

3.何に関連しているのか？

4.なんてこった、これが私が決めたことだ--これ
が信念体系だ。

5.今はやりたくないのですが、どうすれば変え
られますか？

6.何に感謝していますか？

7.行動を起こす：1st Shift™を行う。

そうすれば最後には、痛みが出てきたときに、
「身体は、私に何を伝えようとしているのか？
そして、感情を檻の外に出すのだ。感情は動い
ているエネルギーなのだから、その場で立ち止
まったり、体を硬直させたり、緊張させたり、4
つのD（否認、防衛、離脱、解離）を採用してす
べてを無視しようとする必要はない。目標は、
現在にとどまることを学ぶことだ。

「自分の肉体に深く根を下ろしていれ
ば、心の観察者として存在し続けるのは
簡単だ。外側に何が起ころうとも、あな
たを揺さぶるものは何もない。

— エックハルト・トール

2.4つのSと4つのC

巣の中にいた小鳥が旅立つ準備をするように、私たちは時に、自由への飛翔を促す翼を見つける必要がある。これが4つのE（抱擁、吟味、具現化、拡大）と4つのC（選択、関与、宇宙との協働、創造）の役割だ。美しいダンスのように、4つのD（第2章参照）のサイクルから抜け出すために、まず一方に導かれ、次にもう一方に導かれるのだ。

まず、4つのEsがそれぞれ何を意味するのかを説明し、次に4つのCsを説明する。

4つのエス

抱擁とは、何かの存在を認め、それとともにあること。

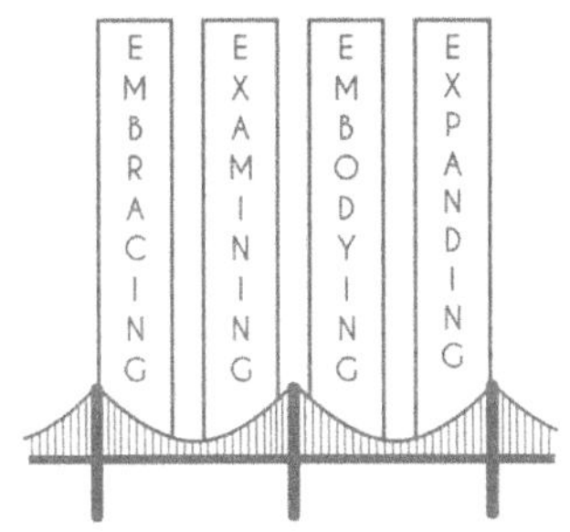

何が起ころうと、あなたは喜んでそれに向き合い、それを感じる。あなたはそれを受け入れ、判断することなく意識の中に置いておく。それは、今この瞬間に起きていること、そして自分の身体で感じていることを受け入れることだ。それは、自分の真実を知り、その真実のために楽に生きようとする、厳格な正直さであり、率直さであり、意欲なのだ。個人的に、これは私にとって最も深く、豊かで、困難な作業だった。しかし今、その価値はある。

今、あなたがHUGすることを拒んでいるものを
ひとつ挙げてください。

調べるとは、疑問を投げかけ、何が起きているのか、それを変えるためには何が必要なのかを自覚することである。

自分の身体がその瞬間に何を感じているのかを探求する。あなたは進んで耳を傾け、答えを受け取る。

今調べているものから、意識の名前を挙げてください。

取り込むとは、何かを取り込んだり、目に見える形や表現を与えることである。

それは自分の真実を含み、自分の身体と交感することだ。それは、あなたがあなたである可能性が、単なる希望や夢ではなく、選択となるところです。それは新しい現実への扉を開くことであり、あなたはそれに向かって進み始める。気分が良くなり、軽くなり、密度が減る。

今この瞬間、あなたが体現していると感じるものを挙げてください。

拡大することは選択することであり、完全に生き、完全に存在するために、*自分のスペースを占有すること*を選択することである。

あなたはもう檻の中にはいない。エネルギーをスペースとして拡大することで、身体が安らぐために必要なものを与えることができる。檻の中に収縮して戻るのではなく、自由に生きることを選択する存在として、自分のスペースを拡大し、取り戻すのです。あなたは自分が存在し、根本的な活力を選択する選択肢があることに気づきつつある。この度合いのシフトを何度も何度も繰り返すことで、希望的観測や空想ではなく、現実に可能であることを常に知っている人生が創造される。

今、自分がどのように拡大していると感じているかを述べる。

4つのC

選択とは、自分にとって何が真実であるかという明るさから選択するときはいつでも、他人や宇宙の他の要因が自分の身体や人生に選択を押しつけるのではなく、自分が何を選択しているかを認識する許可を自分に与えることだ。選択するには、自分が何を望んでいるのかを認識し、実際に自分の選択であることを名づけ、宣言することが必要だ。選択するには勇気が必要かもしれない。たとえそれが他人の望みと相反するものであっても、自分の望みを認めるのだから。選択することは、自分自身を愛することなのだ。

. . .

自分にコミットするということは、自分の行動で地面に杭を打ち込むことだ。こう言うのだ。これはもう許せないことだ」と言うのだ。どのようにこれにコミットするかというと、それに気づくこと、そして自分がここで何をしているかに気づくことだ。そして、何が起ころうとも、それを受け入れるのだ。受け入れることは、あなたの選択に続く行動だ。それはあなたの存在と身体を活性化し、存在を現実化する。

コラボレーションとは、宇宙がこう言っているのだ。それをあなたにあげましょう。協力することは、自分自身と向き合うことでもある。否定的な会話を変え、行動を起こし、自分が選んだことに向かって進むよう、絶えず自分を励ますのだ。また、自分の選択とコミットメントを応援してくれる人や状況を探し、自分が選択するに値すると信じてくれるエネルギーや人に囲まれる。協力するということは、あなたの選択を支持しない人や、あなたのコミットメントや行動を妨げようとする人との協力を意識的に避けるということでもある。そのような人たちから距離を置くか、彼らの言葉は往々にして偽りであることを認識することを学ぶのだ。

・・・

創造することは、過激に生きることである。創造とは、あなたの決断が流れ込む、広がりと活力に満ちた状態のことです。あなたは決意し、協力的な支援ネットワークを確立しました。あなたは今、人生の中で自分の選択を現実のものとするための一歩を踏み出すことを楽しんでいる。最初の3つのCに取り組んだことで、あなたはタスクに取り組むためのスペースを自分の中に持ち、エネルギーは避けることではなく、実行することに集中しています。これが1つ目のチェンジ™の行動であり、驚くほど喜びと力が湧いてくるのです。

つのEsと4つのCsの枠組みは、あなたがこれまで生きてきた場所や創造してきたものを超えて、根本的な活力を選択し、それが絶対的な可能性であることを知るためのものです。それはもはや単なる希望ではない。なぜか？あなたが話すこと、正直になること、耳を傾けることを選び、怒りや感情を封じ込めなかったからです。あなたは宇宙に協力させ、あなたを祝福させた。あなたは意識的な創造に移った。より根本的な活力を選択することで、檻から出ることができる。活力とは、あなたに刻み込まれた魂のエネルギーである。

日々の練習

そして、自分のために時間を使い、自分自身を最優先させることで、そうすることができるのだ。私たちの多くは、起きてコーヒーを飲み、シャワーを浴びて、急いで世の中に出かけようとする。一日が始まった瞬間から、私たちはストレスを感じている。まるで友人であるかのようにケアされることで、あなたの身体は本当に感謝することでしょう。1st Daily Shifts™は、そのためのひとつの方法です。

1.創造ステーション

瞑想は私たちにとって良いものだ：科学が証明している。それでも、目を閉じて座って一定時間呼吸を続けることは、誰にでも効果があるわけではない。幸い、瞑想の方法はたくさんある。自分に合ったものを見つければいいのだ。私は「クリエーション・ステーション」と呼んでいる朝の日課がある。他の瞑想と同じように、自分の体が語りかけてくるのに耳を傾けることができる空間を自分の中に開くことで、毎日、自分と自分の体に合ったものを意識的に選ぶことができるのだ。

私たちのほとんどは、選択することを教えられたことがない。好むと好まざるとにかかわらず、私たちは母親や父親、あるいは教師が私たちに望むことをしたり、それに従ったりして育った。私のように、どこの学校に行くか、どんな学位を取得するかなど、威圧的な両親によって人生を計画された人もいる。毎日が私たちの創造するものであり、私たちは可能性であり、毎日それを選択することができるということは思いもよらない。

私はクリエーション・ステーションに座る前にキャンドルを灯すことから始める。私はいつも3つのことに集中する。身体のため、仕事のため、そして個人的なことだ。例えば、最近手術の準備をしていたとき、私は祈りが書かれた「天使の本」のひとつを参照し、身体の癒しを促進するためにそれらを書き留めた。あるいは、シンプルなことをすることに専念する：

今日、何が起ころうと、私は感謝する。

今日、何が起ころうとも、私は無防備でいる。

今日、何が起ころうとも、苛立ちを感じるたびに呼吸を整える。

糖分の摂り過ぎでコントロールできなくなりそうになったとき、自分の体をより良くする必要があるという意識に自分を戻すために、もうひとつ実践していることがある。胸腺と恥骨の上に手を置き、目を閉じて呼吸をする。リサ、何が足りないの？あるいは「何が足りないの？たいてい返ってくる答えは、私が恋しいとか、私が恋しいとか、私が恋しいとか、そんなものだ。憧れは回避された。名誉の発動。

その他の活動としては、以下のようなものがある：

1.毎日の振り返りを読む

2.天使やエネルギーのカードを選ぶ

3.日記

4.質問をする：

ボディ、今日は何を着て、何をして、何を食べて、何に参加したい？

今日、私の心を歌わせるものは何だろう？

これを選んだら、何が生まれるだろう？

これが私の望む人生を作っているのだろうか？

なぜビジネスをするのか？

何を選びたいのか、今日はどんな自分になりたいのか。

重要なのは、質問をやめないことだ。

好奇心には存在意義がある。

— アルバート・アインシュタイン

何を作ろうと決めたときでも、何かをお願いするときでも、私はいつもお気に入りのフレーズ「I don't know how... I know it will be」で締めくくる。私は何にでもこの言葉を使う。私のビジネスでポジションを埋めてくれる人が必要なとき、3人の新しいクライアントが欲しいとき、もっとお金が欲しいとき、私はこう付け加えることができる。宇宙よ、見せてください。私は感謝し、満たされています。そしてそうなる。そしてそれはいつもやってくる。

ウェルネスのために、あるいは根本的に生き生きと生きるために、あなただけの1st Shift™を実践することができます。バルコニーに座って日光浴を楽しむというような簡単なことでもよい。大切なのは、自分に合った習慣を持ち、自分の変化に合わせてそれを変化させることだ。自分の身体と向き合い、その日に集中したいこと、将来創り出したいことを実現するために、毎日実践するのだ。私たちは不思議なことに忘れてしまうので、繰り返し行動することで、4つのC、すなわちChoose（選択する）、Commit（コミットする）、Collaborate（協力する）、Create（創造する）を忘れないようにするのだ。毎朝、私はまず自分を選ぶ。そして宇宙が私と協力し、私のために、私と一緒に創造してくれる。そうすれば、私はその日の残りの仕事に取りかかる準備ができる。私は決して犠牲者ではなく、常に創造者であり、私の驚くべき変化の体を使って意識的に創造しているのだ。

2.宇宙の箱

この練習は、そのことを思い出させてくれる。少なくとも、考えすぎたり、計画しすぎたりすることから解放されるかもしれない。奇跡は起こるものだ。そう、時にはこう尋ねてみよう。

この1st Shift™では、あなたが創造したいこと、望むことを書き出し、その紙をあなたのユニバース・ボックスに入れてください。私はそれを煮えたぎる釜のように見ています。あなたはそれが煮えていて、時々かき混ぜる必要があることを知っています。私は自分の願望がそこにあることを知ってエネルギーを与えるが、毎日それを読んだり、それに注意を払ったりはしない。いつそれが現れるかはわからないが、現れることはわかっている。

3.他人のエネルギーを解放する

5分から15分、自分自身と向き合い、次のような質問をする：

私はどんな信念を捨ててもいいのか？

自分の身体について、どのような判断が尽きてしまったのか。

私は自分の真実ではない、どんな人格になってしまったのだろう？

そして、他人のエネルギーを引き受け、それを無視したことを自分の体に謝りましょう。自分の体に手紙を書き、それを燃やすか、批判しない友人に読んでもらうのもいい。あるいは、森の中を散歩して、もう他人に体を乗っ取られるのはごめんだと大声で叫んでもいい。自分にとって一番いいと思う方法で、自分を自由にするのだ。今いる場所で、今日から始めよう。裏口のドアを閉め、地面に杭を打ち込み、「ノーと言おう。

4.感謝の気持ちを見つける

私は感謝のシフトが大好きだ。私のお気に入りのひとつは、パートナーや友人、知人など、誰かに3つの感謝の気持ちを伝えることだ。一日を締めくくくる素晴らしい方法だし、特にパートナーとなら、お互いに、そして世界全体とつながることができる。

もうひとつの儀式は、以前、身体が固まっていたり、何かを抱えていたりしていたときの選択を認め、感謝することだ。私はこの儀式を、自分の身体に息を吹き込んで感謝し、自分が感謝している何かに気づかせてもらうことから始める。抱えているパターン、悲劇、トラウマ、妨害行為、制限、痛みの下にはいつもギフトがあるのだから、それを直接身体に求めることもできる：

何が一番いいのか？

贈り物とは？

なぜそんなに価値があるのか？

私に何の得があるの？

それは私に何を教えてくれるのか？

私は何を学んでいるのか？

そして、それが終わったこと、違う選択をしたことを認める。気づきを与えてくれた自分の体に感謝し、レッスンに参加してくれた人々や役者に感謝する。あなたはもうレッスンに参加する必要はありません。自分の経験に敬意を払いましょう。感謝し、度合いを変えて前に進みましょう。

5.もし体が日記を話せたら

ほとんどの日記では自分のことばかりだが、この儀式では自分の体のことばかりだ。しかし、この儀式では、あなたの身体に関することなので、あなたの身体に語らせなさい。 あなたの身体は何と言うだろうか？それを知りたいのです。自分の身体の視点から書くと、「私は自分の身体が嫌いだ」と書く代わりに、「私の身体は［空欄に記入］が嫌いだ」と書くことになる。まずは、「もし私の体が話すことができたら、こう言うだろう」と書いて、それからそのままにしておくのが効果的だと思います。

もし私の体が話すことができたら、こう言うだろう……。

私に食べ物を詰め込んだことに腹を立てているんだ。

私に十分な水を与えないから怒っているんだ。

あなたを邪険に扱うあの人と寝たことに腹が立つ。

その人とは一緒にいて気分が良くないと言ったのに、その関係を続けているあなたに腹が立つ。

・ ・ ・

6.エネルギーの移動

機嫌が悪く、疑念が頭の中で渦巻いているときは、体が重く、密度が濃く、むくんでいるように感じる。アイデアがあってもそれを表に出さないと、体がむくむ。逆に、何かを実行に移せば、身体は引き締まり、膨張が抑えられる。脂肪は私たちに対して使われるエネルギーだ。脂肪は私たちの制限を蓄え、身体に密度と重さを作り出し、私たちの心を身体に逆なでする。だから、何が起こっているのかを探求する儀式は、ほとんどどんなものでもエネルギーをシフトさせるが、時には身体が純粋な運動、つまり身体を動かすことを必要とし、欲することもある。これは歩く瞑想からヨガ、筋力トレーニングまで何でもありだ。ここでのゴールは、エネルギーをどのように動かすかにかかわらず、内的であれ外的であれ、現在に来ることは深い変化を生み出す力があることを認識することだ。副次的な効果として、体の重さもしばしば変化する。

肉体の意識に入るとき、物事が変わることを期待する。あなたが望むものが変わることを期待してください。食べるものが変わることを期待する。あなたが携わるものが変わることを期待しなさい。すべてが変わることを期待する。それがすべてなのだから。あなたは変化しているのだから。だから、手放し、変化することを決意し、変化する身体を許すのだ。

エクササイズ

本章の目的のひとつは、自分の生活や身体に取り入れることができる練習法を提供することである。ここでは、"エクササイズ"として実行するための提案を再録する：

1.自分自身の創造ステーション™を実践する。これは、インスピレーション・カードや本の一節を毎日読み、それについて日記を書くことで、心をすっきりさせ、思考を集中させる時間にすることができる。

2.自分のユニバース・ボックスを作る。呼び名は何でもいい。自分の好きなように飾ることもできます。小さなカードを作り、自分の人生に顕現させたいことを想像しながらカードを放つ。これは新しいキャリアであったり、人間関係を始めることであったり、人生のある人に対する怒りを手放すことであったり、数え上げればきりがありません。ユニバース・ボックスは、あなたの願いを宇宙と分かち合う、あなただけのチャンネルです。

3.他人の問題や否定的なエネルギーを引きずっていることを示す、体の中の感情を特定する。これらの感情を認識し、そこから離れるためのプロセスを作ることを学ぶ。体が緊張し、不規則な痛みや痛みが現れたら、静かな場所に行って目を閉じ、フレーズやマントラを繰り返して、他人の問題を引き受ける必要はないと自分に言い聞かせる。深呼吸やストレッチも儀式の一部とし、力強く息を吐きながら、ネガティブなエネルギーが体から出ていくのをイメージするのだ。

4.日々の感謝を受け入れる。2ページの1週間カレンダーを使えば、毎日少なくとも3つの感謝の気持ちを書き出すことができる。カレンダーを使うことで、このプロセスを毎日記録することができ、過去の感謝の気持ちを読み返してみるのにも役立ちます。

5.もし私の身体が話せたら、こう言うだろう」という文章を日記に書く。このような日記を書くことで、身体が送ろうとしているメッセージを無視するのではなく、身体が感じていることと再びつながることができる。

6.エネルギーを解放するために、身体を動かす練習をする。外を散歩したり、リビングでダンスをしたり、枕を殴ったり。毎日、体の中に溜まったネガティブな感情を手放す許可を自分に与えましょう。

7.この3つのアファメーションを1日に数回、声に出して繰り返す：

8.よくやった、お前！よくやった、ボディ！"

9.あなたたちは素晴らしい！

10. "さあ、ふたりとも立派になるぞ！"

第6章 癒しの鍵

すべての身体には異なるロードマップが
あり、自分自身の身体が私たちに求めて
いることに親しむことで、私たちは内な
る医師を解き放つことができる。日常生
活を通してこのレベルの栄養を与えるこ
とで、細胞の再生が促進されるのだ。

— ゲイ・ヘンドリックス

ニューソートの指導者であり、宗教科学の創始
者であるアーネスト・ホームズは、その代表作
である『心の科学』の中で、「癒しの根本的な
定義は『ケア』である」と書いている。細胞が

生きている限り、つまり人が生きている限り、身体の細胞はケアに反応する」と述べている。こんな単純な考え方なのに、私たちはいつの間にか「治療」という言葉を敬遠する社会になってしまった。しかし、もし私たちが「ケア」の意味をよく理解し、それを自分自身に適用すれば、治癒の真実にもっと近づくことができるだろう。

机の横に観葉植物を置いている。この植物だけはなんとか生きている。アルコール依存症になった最初の年に、植物を買って、それを生かせるかどうか試してみるように言われたんだ。それから子犬を買い、それから恋愛をするように言われた。この傾向がわかるかい？ なぜかって？あなたは自分自身と向き合うことを学んでいるからです。解決策、薬物、アルコール、何でもなく、初めて自分自身と向き合うことを学ぶんだ。植物と関わることから始めます。植物に注意を払う。水を与えなければならない。剪定しなければならない。枯れた葉を切り落とさなければならない。アルコールや薬物など、自分を麻痺させるものを使っているときは、何にも注意を払っていない。別の世界にいるんだ。

そして、自己中心的でナルシストで、危機に次ぐ危機で、常に火消しをしている。

植物の世話をしているとき、植物に話しかけると長生きするという科学的研究があることを知った。私は、*自分の体に話しかけてみてはどうか*と考えた。そこで、私は植物に話しかけるようにした。家にいるときは、音楽を消して自分自身と向き合い、通勤途中の車の中では、自分の体が隣の座席にいることにして、「元気？その効果は絶大だった。この単純だが直接的な問いかけは、私を身体から切り離し、友好的な関係ではなくしていた私の世界の強固さを崩し始めた。

自分自身と友達になる

変化の本体とは、あなたが自分自身を愛し、自分自身と仲良しになり、"もしあなたがこれ（資格、トレーニング、お金、実績、承認、またはこのグループに属している、空白を埋める）を持っているなら、それはあなたが良い人であり、あなたが評価されていることを意味する"と言う、他のどんなサイキックなエネルギー的現実からも離れていくエネルギーなのです。まだバックグラウンドでプログラムが動いていて、自分自身に価値を見いだせず、自分には価値があり、何事にも値しないと信じているのであれば、どんな変化を起こそうが関係ない。そのプログラムが変わるまでは、あなたが知っていようといまいと、あなたはその価値のなさのエネルギーなのだ。自分の体の中に「私には価値がない」という物理的な構造があるようなものだ。そしてそれこそが、すべての人間関係においてあなたに反映されるものなのだ。そして、この基本的な現実は何も変えることはできない。いくら教育を受けても、いくら訓練を受けても、いくら免許を取得しても、いくらお金を稼いでも、自分自身に対するこの根本的な信念を変えなければ、誰が何を言っても、何をしても、*何も変わらないのだ。*

ある時点で、あなたは自分自身に対するある種の敬意と評価を持たなければならない地点に到達する。自分自身をどう評価するかによって、世界との付き合い方や世界の反応が決まる。多くのスピリチュアルな書物には、自分を愛するように他人を愛しなさいと書かれている。 あなたは、自分という人間をどれくらい好きですか？私より3年早く断酒を選んだ従兄弟のジョニーが、私にこう言ったのを覚えている（ニュージャージーのトニー・ソプラノの太い声を想像してほしい）。と言った。私はそれがどういう意味なのかさえ知らなかった。どうすればいいのかわからなかったから、自分のすることすべてについて、ただ自問自答するようになった：

1.これは自分にとって良い友人であるか？

2.これを食べたら、私は自分にとって良い友人なのだろうか？

3.ジムに行かなかったら、私は自分にとって良い友人なのだろうか？

4.この人と付き合ったら、私は自分にとって良い友人でいられるだろうか？

5.もしその人と付き合ったら、私は自分にとって良い友人になっているだろうか？

6.もし子犬を買ったら、私は自分にとって良い友達になっているだろうか？

7.もし私が植物を手に入れたら、私は自分にとって良い友人になっているだろうか？

8.私は本当にこれを続けたいのだろうか。

ああ、*これが好きだ*」と思うのは簡単だ。でも、自分のことが好きかどうかを聞くのは難しい。それは難しい。私にはその基準がなかった。自分の価値を決めるのに、他人の評価に頼っていた。こうして一瞬一瞬、自分に問いかけることで、それを目の前に置くことができ、よりはっきりと見ることができるようになる。自分の価値観で見ることができる。自分を好きでいることに価値があるのなら、たとえ自分を好きになれなかったとしても、新しい決断を下し、それによって状況が変わることを知ることができる。

最初のうちは、自分がしていること、あるいは考えていることすべてについて、ごく日常的なことでも常に質問するのがいい。例えば、私は料理をしない。台所に立って自分のために何かを作るのは好きではない。料理が好きな人には、あらかじめ私の体が好む食事を用意してもらい、冷蔵庫で待っているのが好きだ。私はそれを温めるだけでいい。以前は気にせず、あるものを食べていた。体を維持し、持続させるために必要なものを体に与えるために、十分なケアをしていなかった。食べ物は偶然に任され、すぐにジャンクフードを食べ、何も記録していない自分に気づいた。

成功し始めると、自分が何を望んでいるのかが明確になる。自分にとって何が良いことで、何が良くないことなのかが分かってくる。少し前のことだが、パーソナル・アシスタント兼パーソナル・コックの女性がいて、とても楽しい人だった。忘れ物をすると、彼女は理不尽になった。私は頭の中でこう考えた。*私はこの人をとても愛している。私はこの人をとても愛している。一緒にいるととても楽しいし、彼女の料理も大好きだ。*だから、本当に耐えられなくなるまで、もう少し続けてみた。自分にとって良い友人でなかったことに気づいたんだ。

私は変化をもたらし、彼女を手放した。その後も、「誰か見つかるまで1、2カ月だけ」と彼女を呼び戻したくなることがあった。しかし、「自分にとって良い友人になっているか」と自問すると、「とんでもない、戻ってくるな」というエネルギーを体で感じた。その質問は私の身体の意識に伝わり、身体が私に何をすべきかを教えてくれる。もちろん、私の心は「なんてこった、彼女に会いたい」と答え、私は「良さそうに見えるが、いや、どうなるか結末はわかっているだろう。そんなことしないで、1st Shift™をやりなさい！どうなるかわからない・・・どうなるかはわかっている。宇宙よ、見せてくれ……。

自分を愛し始めたとき
自分を愛するようになったとき、感情的な苦悩や苦しみがあることを知った。
というのは、私が自分自身の真実に反して生きているという警告のサインなのだ。
今日、私は、これがオーセンティシティだと知った。
自分を愛するようになったとき、それがどれだけ誰かを怒らせるか理解できた。
自分の欲望をこの人に押し付けようとすることで、その時が来たとわかっていたにもかかわらず。
が正しくなかったし、その人はその準備ができていなかった、
その人が私だったとしても。
今日、私はそれをRESPECTと呼んでいる。
自分を愛するようになったとき、違う人生を望むのをやめた、
そして、私を取り巻くすべてのものが

私を成長させようと誘った。
今日、私はそれを「成熟」と呼んでいる。
自分を愛するようになってから、どんな状況でもそれを理解できるようになった、
私は適切な時に適切な場所にいる、
そしてすべてが適切なタイミングで起こる。
それなら安心だ。
今日、私はそれを "セルフ・コンフィデンス " と呼んでいる。
自分を愛するようになってから、自分の時間を盗むのをやめた、
そして、将来のための大きなプロジェクトをデザインするのをやめた。
今日、私は喜びと幸せをもたらすことだけをする、
私の好きなこと、私の心を喜ばせてくれること、
自分のやり方で、自分のペースでやっている。
今日、私はそれを "シンプルさ " と呼んでいる。
自分を愛し始めたとき、自分にとって良くないものすべてから解放された。
私の健康：食べ物、人、物、状況、
そして私を引きずり下ろし、自分自身から遠ざけるものすべて。

当初、私はこの態度を健全な利己主義と呼んでいた。

今日、私はそれが "LOVE FOR ITSELF " であることを知っている。

自分を愛するようになってから、常に正しくあろうとすることをやめた、

それ以来、私は間違えることが少なくなった。

今日、それがMODESTIA であることを発見した。

自分を愛し始めたとき、過去に生きることを拒否した。

そして将来を心配する。

今はただ、あらゆることが起こっている瞬間を生きている。

今日、私は毎日を、一日一日を生き、それをフルフィルメントと呼んでいる。

自分を愛するようになったとき、自分の心が自分を邪魔することがあることを認識した、

そしてそれは私を病気にさせる。しかし、それを自分の心と結びつけることで

新政権は貴重な同盟国となった。

今日、私はこのつながりを「心の知恵」と呼んでいる。

もはや議論や対立を恐れる必要はない。

自分自身や他者とのあらゆる種類の問題。

星でさえも衝突し、その衝突から新しい世界が生まれる。
今日、私はそれが人生だと知った！
(この詩はチャーリー・チャップリンのものとされているが、確証はない）。

理解しなければならないのは、自分自身への最も深い復帰は、自分自身と他者との関係を癒すことから生まれるということだ。そのためには、「何が私のもの」で「何が彼らのもの」なのか、つまり自分の内側にあるものと外側にあるものを区別する力を養わなければならない。母との関係を解き、自分の一部を取り戻すには長い時間がかかった。子供の頃、私が母から受けた唯一の接触は、殴打と言葉による攻撃だった。そして彼女の憎しみ、人工的な愛。

でも、子どもは必要なもののために行動する。そして私の生存は、「かわいそうなリサ」であること、悪いことばかりすること、クラスから追放されることで、母の愛情を得ることに基づいていた。私は母の注意を引くためなら何でも与えた。それしかしてもらえなかった。そんな状況の中で、私はかなり賢い子供だった。当時はそうするしかなかった。

自分への思いやりは、何よりも強力な治療法だ。

― セオドア・アイザック・ルービン

セルフ・コンパッションは自己愛の一形態だ。どんな変化を起こそうとも、どんなにたくさんのコツや技術、私の場合は心理学的な技術を持っていようとも、自分を好きでいられるとは限らない。最終的には、それが結論なのだが。自分を好きになれない、大切にできないというプログラム、つまりルームランナーがバックグラウンドで動いていると、人生は苦闘のように思えるだろう。知らず知らずのうちに、そのエネルギーになってしまう。そしてそれは、あなたの身体という物理的な構造になる。

最初のうちは、「こうすれば、私は自分にとって良い友人でいられるだろうか」と自問することは、脳内に神経の手がかりが確立されていないため、思い出すのに努力が必要だ。あるいは不快に感じるかもしれない。しかし、時間が経つにつれて習慣が身につき、成功するようになる。自分が何を望んでいるのか、良い友人になるとはどういうことなのかが分かってくる。その質問は統合され、あなたの身体の意識の中に入っていく。問う必要も、考える必要もなくなる。この新しい考えは、単にあなたの人生になる。

例えば、このワークをすることで、私はダイエットも努力もせずに体重を大幅に減らすことができた。体に良くない食べ物を欲したり、欲しがったりしなくなった。運動がしたくなった。あなたの身体はナビゲートし、今は違うものになったと教えてくれる。あなたがそれになるのです。学んだことのないこと、気づかなかったことを学ぶのだから、最初は難しい。しかし、何が自分にとって良いことなのか、何が自分を幸せにし、自分のために選んでくれる友人であることに気づけば、自分を信頼する力が自分の中に芽生え始める。

自己愛が自分の本質の中心にあることを理解して生きれば、孤独になることはない...そして二度と孤独になることはない。

エクササイズ

1.毎朝、「自分にとって良き友となるために、今日は何をしようか」と自問することから始めよう。

2.選択に迫られたとき、あるいは決断に迷ったときは、自問する。

3.自分に話しかけるとき、"困っている友人にこう話しかけるだろうか？"と自問する。

第7章 再接続と完全性

「内なる身体への気づきの術は、まったく新しい生き方、自己との永続的なつながりの状態になり、あなたの人生にこれまで知らなかった深みを加えるでしょう」。

— エックハルト・トール

元気よく目覚め、生きていることに喜びを感じ、その日に何ができるか考える準備ができていることを想像してみてほしい。最初から最後まで、あなたの一日はあなたの願望に基づいた選択で満ちている。あなたが可能性を体現しているからです。あなたは生成的で創造的な磁石です。人々はあなたの周りにいるのが大好きです。あなたはあなたでいることで、周囲のすべてのエネルギーを変える。あなたの人間関係は、交わりと調和に基づいている。それらは楽しく、簡単で、喜びにあふれ、相互的です。あなたの身体は健康で、生き生きとしている。あなたにはエネルギーがあります。特別な輝きを放っている。あなたのビジネスは活況を呈し、同僚たちはあなたが創造するものすべてに笑い、加わっている。人生は喜びに満ちた冒険だ。笑いと明るさがあなたの身体を侵していく。あなたは、自分自身とこのような同盟関係を感じられることに驚いている。自分を変えるために何をしたのかと聞かれ、あなたはこう答える。私は私を選んだ。私は宇宙と協力し、宇宙が反応するのを許し、私が可能だと知っていたものを創造したのです」。

これは、あなたがそれを選択するのを待っている人生を表している。そして、あなたのすべての逆境や痛み、悲劇やトラウマ、すべての苦しみは、実はあなたが自分であるという意識とつながるための可能性なのです。自分の現実を探求し、その現実を支えている根底にある信念を手放すことができれば、望むものすべてに前進するための新しい方法で、まったく新しい世界が開ける。突然、解決策がなかったことが、無限の解決策を持つようになる。いつもあなたを悩ませていたものが消える。だからといって、それが戻ってこないわけではないが、同じようには戻ってこない。そして、変化を選択し、1st Shifts™に完全にコミットするのは、あなたとあなたの身体なのです。

現在、あなたを狂わせているものが何であれ、それはあなたが過去に下した決断に関係している。自分を「狂わせない」ようにできるのは自分だけだ。あなたがそれを解き放つ鍵なのです。そうすれば、あなたは人生を前進させ、その足取りで根本的に生き生きと生きることができるのです。そしてそれは、あなたの身体と意識に入ることから始まる。無意識の自己、無意識の信念の檻から解放されると、病気は体から出ていく。全身の細胞が健康になる。なぜなら、細胞の骨格構造を包んでいた、自分自身に対するあらゆる決めつけの思考が崩れ去るからだ。あなたが考えていることが、あなたの体を形作っているのだ。

あなたは変化の身体だ。あなたの身体は、限界なく生きる可能性を与えてくれる贈り物です。毎日、あなたとあなたの身体は変化することができます。その変化をもたらすために必要なのは、たった一つの選択、1st Shift™です。今こそ、あなたという存在の輝き、ユニークなスピリチュアルなシグネチャーを持つ魂の刻印を認識する時であり、その輝きと美しさを創造し、マッチさせるよう身体に求めることができるのです。

人間の精神に限界はない。偉大さへの唯一の限界は、自分にノーと言うことだ。

— 鉄のカウボーイ」ジェームズ・ローレンス。

自由とは、あなたの信念の関数である。自分を縛っている信念を発見した瞬間、あなたは一瞬にして自由になる。しかし、真実にたどり着くには、選択、妥協、協力、創造が必要だ。そして、最初はその方法を知る必要はない。どうすればいいのかはわからない。道は進むにつれて開けると信じて。手放すことに解放がある。それは楽しみであり、身体であることの冒険と呼ばれるものだ。

自分を信じれば、どう生きればいいかがわかるようになる。

— ゲーテ

変わるのが一番難しいのは、喜びを受け入れることだったりする。すべてがうまくいっていることを受け入れること。成功を受け入れる。問題がないことを受け入れること。自分自身の魂の刻印の美しさを受け入れること。どんなに仕事をしても、自分らしく生きることを学ばなければならない。松葉杖を使わず、ただ、生でありのままのあなたで。奇妙に感じるかもしれない。裸だと感じるかもしれない。でも、いい気分にもなるだろう。あなたを好きになる友人もいれば、そうでない友人もいる。人は離れていくかもしれないが、その分、あなたは良くなる。あなたが自分の魂の刻印とより一致するようになると、あなたの世界はそれを反映するようになる。しかし実際には、私たちはすべてのものとつながっており、身体はそれを伝えている。判断から解放されると、すべてが変わり始める。物事を明確にとらえ、明確に行動し、異なる引き寄せをし、異なる信念を持つようになる。

> *私たちはこの純粋な意識の海を泳いでいるが、島から島へ、思考から思考へと絶えず待ち続け、その根拠であるこの意識を飛び越え、通り抜け、決してそこに安住することはない。*
>
> *— ジョン・ウェルウッド博士*

あなたという存在は、決して壊れることはない。魂の刻印と根本的な活力の可能性は、私たち一人ひとりの中に、私たちの存在そのものにある。私たちはその可能性を認識すると同時に、私たちは簡単には変われないし、変わるべきでもないことを理解している。この作品には、あなたを満たし、想像以上の創造性を発揮するための活力を与える力がある。現在から過去へと続く糸を見つけ、それを変え、その過程で長年抱いてきた無意識の信念の圧制から自分を解放すると、自分の全存在が現在化され、具現化される。体内のあらゆるエネルギーの粒子が自由になる。こうして私たちは、問題から可能性へと、根本的に生きていくのだ。

それがあなたの変化の体です。何百、何千、何百万、何十億、そしてそれ以上の1st Shifts™の毎日の積み重ね。この積み重ねが、あなたの人生、生きること、身体、内的にも外的にも、一致した、根本的に生きている身体を創り上げるのです。あなたの身体は今、あなたの知ることを簡単に指示します。

さあ、これを実践してみよう：（やればやるほど、自分の身体と向き合うことができるようになる）。

目を閉じる

胸腺と恥骨に手を当てる。

口から息を吸い、足を床に、背中を椅子に、両手を体につける。

今いる部屋の四隅を広げ、床に足がつくのを感じながら触る。

今いる街の四隅に広がる。

お住まいの州の四隅まで広げてください。

今いる国の四隅まで広げる。

まるで地球の四隅があるかのように。

宇宙の四隅まで、もしあるとすれば...。

自分の体を見る

3つの分子に前に出てきてもらい、これらの分子の極性を、あなたがこの本を読んで変えたものに変えてください。それはエネルギッシュなものです。それを手放しなさい。

今度はさらに3つの分子に前に出てきてもらい、あなたが無意識にしていたことの「重さ」を解放してもらう。それはエネルギー的なものです。それを流してください。

今、さらに3つの分子に極性を変えてもらい、それらの分子を回転させて、あなたが今いる変化の体を創り出す。それはエネルギッシュだ。ありのままの自分でいましょう。

体が求めるだけ、それを繰り返す。

彼は大声で文句を言う：

「私は変わった

「自分が変わったことは分かっている！

「私の体は変化の体なのだから。

「ありがとう、ボディ

「ありがとう、ユニバース。

「ありがとう。

「私はフリーだ。

もし今日、誰もあなたの身体に、愛され、慕われ、育まれ、大切にされ、尊ばれ、尊敬されていることを伝えていないとしたら、それは今だ！ あなたは言われたのだ！

もし今日、誰からも「愛している」と言われなかったとしても、私は愛している！

どうなるか分からないが…。

私は感謝しているし、充実している！

偉大であれ！

謝辞

私の愛、あなたが毎日分かち合い、与えてくれる愛がすべてを可能にする。　あなたへの愛は永遠だ！私たちの身体は、愛され、慕われ、育まれ、大切にされ、尊ばれ、尊重されるシンフォニーを奏でる。あなたが私に与えてくれた愛は言葉を超えたものであり、私たちのつながりは次元、人生、現実の架け橋となっている。あなたとともにこの旅ができることを光栄に思います。あなた、子供たち、そして家族は私の大切な荷物であり、そのすべてに関わることができる喜びと幸せでいっぱいです。あなた方の愛と純粋な優しさは、私の真の心、心、精神、魂、身体を呼び起こします。神のレーザーがあなたを私に導き、私がひれ伏してYESと答えたことを日々感謝しています。最高の選択です。

変化の身体 ワークブック

はじめに

変化の身体』ワークブックへようこそ！このガイドブックは、自己発見の変容の旅のお供です。各エクササイズは、内なる自己とのつながりを深め、障壁を打ち破り、完全性に向かうあなた独自の道を受け入れる力を与えるよう、考え抜かれてデザインされています。このワークブックは、成長と探求のためのあなただけの聖域なのです。

Chapter 1
あなたの魂の版画を発見する

エクササイズ 魂の振り返り

目的 自分独自のスピリチュアルな特徴を特定
し、それを明確にする。

やり方

準備をする：

誰にも邪魔されない静かな場所を見つける。楽
な姿勢で座り、目を閉じて、呼吸に集中するこ
とで自分自身をグラウンディングさせる。深く
息を吸い、十分に吐き、一呼吸ごとに緊張をほ
ぐす。

瞑想：

10分間、呼吸だけに集中して瞑想する。考えが浮かんできたら、そっと意識を呼吸に戻す。自分の人生の中で、生き生きと生き、自分よりも大きな何かとつながっていると感じた瞬間を思い浮かべる。

振り返り：

瞑想が終わったら、目を開けてその時のことを振り返ってみましょう。深い喜び、平安、つながりなど、心に響く体験を少なくとも3つ書き出してください。

自己とつながる：

それぞれの体験について、それが自分の感覚や人生の目的とどのように関係しているかを探ってみましょう。これらの瞬間は、あなたの本質や、あなたが持っているユニークなスピリチュアル・シグネチャーについて、何を明らかにしてくれるでしょうか？

振り返りのスペース ：

(あなたの考えや考察をここに書いてください。)

. . .

Chapter 2
障壁の特定

エクササイズ あなたの障害を日誌に書く

目的 あなたの創造性を妨げているものを認識する。

指示

自己評価：

何があなたを妨げているのか、じっくり考えてみてください。あなたの進歩や創造的表現を妨げている、繰り返し起こる思考、信念、外的要因は何ですか？

あなたの障害をリストアップしてください：

自己判断や失敗への恐れといった内的な課題から、時間的制約や社会的期待といった外的な圧力まで、これらの障害について包括的なリストを作成する。

影響についての考察：

各障壁について、それがあなたの人生にどのような影響を与えるかについて、簡単な考察を書きましょう。日常生活、意思決定プロセス、人間関係において、それがどのように現れているかを考えてみましょう。

行動計画：

今週焦点を当てる障壁を1つ選ぶ。習慣を変えたり、サポートを求めたり、考え方を変えたりする。

フォローアップ：

週の終わりに、選んだ障壁を再検討する。進展があったか、何か気づきがあったか、振り返りましょう。

振り返りスペース：

(あなたの考えや反省をここに書いてください）。

身体の知恵と関わる

エクササイズ 身体への気づきの練習

目的 身体のシグナルに耳を傾ける。

やり方

毎日の練習：

毎日5分間、身体への気づきの練習をしましょう。朝か寝る前の静かな時間を選びましょう。

ボディスキャン：

楽な姿勢で座り、目を閉じて、頭からつま先までゆっくりと体をスキャンする。体の感覚や硬さ、弛緩している部分に、判断せずに注意を払う。

観察と洞察：

緊張や不快感を感じている部分に注目してください。これらの感覚から、あなたの感情や精神状態について何がわかるでしょうか？観察したことを毎日記録し、パターンや経時的な変化に注意しましょう。

点と点を結ぶ：

週の終わりに、メモを見直す。身体があなたに何を伝えてきたかを振り返ってください。これらの感覚は、あなたの感情、思考、経験とどのように関連していますか？

振り返りのスペース：

(あなたの考えや振り返りをここに書いてください。)

断絶を癒す

エクササイズ ロアー® テクニック

目的 ロアー®テクニックを使って、感情のブロックを解放する。

やり方

自分のスペースを見つける：

寝室、屋外の静かな場所、誰にも邪魔されない場所など。

自分を中心に置く：

背筋を伸ばして深呼吸をし、現在の自分にグラウンディングする。地に足をつけ、体を一直線にする。

咆哮：

準備ができたら、深呼吸をして、大きく力強い「咆哮」をあげましょう。この咆哮は、あなたのフラストレーション、痛み、感情のブロックの表現です。遠慮することなく、完全に解放してください。

アファメーション：

咆哮の後、深呼吸をします。自分の強さを受け入れます」とか、「私の人生に平和を歓迎します」とか。

振り返り：

この練習で自分がどう感じたかを日記に書く。咆哮の間、どんな感情が浮かびましたか？アファメーションはあなたのエネルギーをどのように変化させましたか？あなたの考え方や感情の状態の変化を振り返ってください。

必要に応じて繰り返す：

溜め込んだ感情を解放したいときは、いつでもこの練習を繰り返すことができます。

振り返りのスペース：

(あなたの考えや内省をここに書いてください。)

リコネクションのための日々の実践

エクササイズ つのEと4つのC

目的 自分自身と再びつながるための日々の練習を実践する。

やり方

つのE：

毎日、4つのEから1つを選び、それに集中する：

受け入れること： 受け入れる：ありのままの自分を受け入れ、愛する。

吟味する：　吟味する：自分の考え、感情、行動を振り返る。

具体化する：　日々の行動の中で、自分の価値観や真実を実践する。

拡大する：　現在の限界を超え、新たな可能性を追求する。

応用：

一日を通して、あなたの選んだEを、あなたの思考、行動、交流に意識的に適用してください。それが自分の選択や自分自身との関係にどのような影響を与えるかに注意する。

毎日の振り返り：

一日の終わりに、自分の体験を書き出してみましょう。このEに集中することで、一日にどのような影響がありましたか？どのような気づきや課題がありましたか？

週の終わりのまとめ：

週の終わりに、振り返りを見直しましょう。あなたの洞察を要約し、視点や行動の変化を書き留めてください。この練習は、あなたが自分自

身と再びつながるのにどのように役立ちました
か？

四つのC（オプション）：

発展として、4つのCを探求してみましょう：
Clarity（明晰さ）、Courage（勇気）、
Commitment（献身）、Compassion（思いや
り）。自然で、あなたの成長をサポートしてく
れると感じられる方法で、日々の練習に取り入
れてください。

振り返りのスペース：

(あなたの考えや考察をここに書いてくださ
い。）

自分と仲良くなる

エクササイズ 自分を思いやる手紙

目的 自分自身と愛のある関係を築く。

やり方

場面を設定する：

誰にも邪魔されずに書ける、静かで快適な場所を見つける。キャンドルを灯したり、ソフトな音楽をかけたり、心を育てる環境を作る。

手紙を書く：

つらい時を過ごしている親しい友人に宛てるように、自分自身に手紙を書く。励まし、理解、思いやりの言葉をかける。自分の課題を認め、苦悩に共感する。

肯定的な言葉：

手紙に肯定的な言葉を入れる。自分の長所、過去の成果、進歩したことを思い出してください。たとえ困難な道であっても、進み続けるよう自分を励ます。

声に出して読む：

手紙を書き終えたら、声に出して読んでみましょう。自分に向けられた思いやりのある言葉を聞いて、どう感じるかに注意する。

手紙を保管する：

日記やベッドサイドテーブルなど、手の届くところに手紙を置く。自分の回復力と自己価値を思い出したいときに、いつでもこの手紙を読み返そう。

フォローアップ：

自分自身との思いやりのある関係を強化するた

めに、困難な時期には定期的に新しい手紙を書くことを考えましょう。

振り返りのスペース：

(あなたの考えや考察をここに書いてください。)

Chapter 7
再接続と全体性

エクササイズ 全体性のための視覚化

目的 全体性への道を視覚化する。

やり方

準備：

ゆったりと座るか横になれる静かな場所を見つける。目を閉じ、深呼吸をして心身をリラックスさせる。

誘導された視覚化：

1.あなたが完全で完全であると感じた時を思い浮かべます。特定の瞬間でも、人生の一般的な期間でもかまいません。

2.その時の環境、人々、感情を思い浮かべる。あなたがつながりを感じ、満たされていると感じた細部に集中する。

3.今度は、あなたの現在の生活に、同じような全体性とつながりの感覚が吹き込まれていることを想像する。自分自身と完全に調和しているときの日常生活がどのようなものかをイメージする。

4.この状態をイメージするときに生じる感情に気づいてください。自分自身や自分の目的とつながっていることを、どのように感じますか？

体験を書き出す：

視覚化した後、あなたの体験の詳細を書き出してください。あなたにとって全体性とはどのようなものですか？どうすれば、あなたの人生にこの状態をもっと招き入れることができるでしょうか？

行動ステップ：

この全体性の感覚に近づくための実行可能なステップを特定する。日常生活の小さな変化、考え方の転換、より深い自己成長のためのワークなどを考えてみましょう。

継続的な練習：

このビジュアライゼーションを定期的に見直すことで、全体性とのつながりを強め、断絶を感じたらいつでも本来の自分に戻れるように導いてください。

振り返りのスペース：

(あなたの考えや考察をここに書いてください。)

おわりに

ボディ・オブ・チェンジ』ワークブックの完成、おめでとうございます！あなたは、自分自身とのつながりを深め、自分の存在の全容を受け入れるために、大きく前進しました。覚えておいてほしいのは、この旅は現在進行形であり、一歩一歩踏み出すごとに、あなたは本物の自分に近づいていくということです。

これらの練習を繰り返し、あなたが得た洞察を統合し、あなたが成し遂げた進歩に敬意を表してください。あなたには、あなたが求める変化を手に入れる価値がある。勇気と思いやり、そして開かれた心を持って前進し続けてください。

リサ・クーニー博士は、ソウルセラピーに重点を置いた、個人の変容とトラウマ回復の第一人者です。ライフコーチング、そして精神的な変容。画期的なLive Your ROAR®の創始者である彼女は、何千人もの人々の人生を変

え、幼少期の虐待を乗り越えて「Radically Orgasmically Alive Reality」（ROAR®）を達成するのを手伝ってきました。リサ博士の仕事は、「私はそれを手に入れる！…何があっても！」という哲学と、自分で選択し、成長に取り組み、宇宙と協力し、夢の人生を創造するという原則に基づいています。

www.ingramcontent.com/pod-product-compliance
Lightning Source LLC
Chambersburg PA
CBHW061258120726
48001CB00001B/359